SEGREDOS DO LUGAR SECRETO

BOB SORGE

Chaves para reacender seu desejo de buscar a Deus

SEGREDOS DO LUGAR SECRETO

Atos

Sorge, Bob
   Segredos do lugar secreto: chaves para reacender seu desejo de buscar a Deus / Bob Sorge; tradução de Cristiane Bernadete de Jesus. – Belo Horizonte: Atos, 2010.
   272 p.
   Título original: Secrets of the secret place.
   ISBN 978-85-7607-102-0
   1. Deus. 2. Cristianismo. 3. Oração. I. Título.

CDU: 230.112   CDD: 234.2

Índices para catálogo sistemático:
1. Cristianismo: oração   234.2

Copyright © 2001 by Bob Sorge
Copyright © 2010 por Editora Atos
Todos os direitos reservados

Coordenação editorial
Walkyria Freitas

Projeto gráfico
Marcos Nascimento

Capa
Rafael Brum

2ª Reimpressão da Segunda edição
Maio de 2015

Os textos bíblicos foram extraídos da Nova Versão Internacional (NVI), salvo quando houver outra indicação. Nenhuma parte deste livro pode ser reproduzida, arquivada ou transmitida por qualquer meio – eletrônico, mecânico, fotocópias, etc. – sem a devida permissão dos editores, podendo ser usada apenas para citações breves.

Publicado com a devida autorização e com todos os direitos reservados pela EDITORA ATOS LTDA.

Atos

www.editoraatos.com.br

SUMÁRIO

Parte I
Aceitando o grande convite 7
1 O segredo de dizer "sim". 9
2 O segredo da porta fechada 15
3 O segredo de ouvir. 19
4 O segredo da obediência radical 23
5 O segredo do arrependimento rápido 29
6 O segredo de semear. 33
7 O segredo do refúgio 37
8 O segredo da tomada de decisão. 43
9 O segredo de não ter um plano B. 47
10 O segredo de estar aceso. 53
11 O segredo de tomar à força. 57
12 O segredo da humildade. 63
13 O segredo da intercessão. 67
14 O segredo da vigilância. 71

Parte II
Colocando em prática 75
15 O segredo da terapia de radiação 77
16 O segredo do tempo. 81
17 O segredo dos retiros 87
18 O segredo do diário 91
19 O segredo da meditação. 95
20 O segredo da leitura simultânea 101
21 O segredo de orar as Escrituras. 105
22 O segredo de terminar 115
23 O segredo da manhã. 119
24 O segredo de se revestir 123

25 O segredo de negar-se a si mesmo.................129
26 O segredo do tédio................................135
27 O segredo de se sentir atraente para Deus.............139

Parte III
Definindo um ritmo de maratona......................145
28 O segredo do desespero...........................147
29 O segredo da coleta do maná......................153
30 O segredo de perseverar..........................157
31 O segredo do confinamento........................163
32 O segredo de esperar.............................167
33 O segredo das lágrimas...........................173
34 O segredo da santidade...........................177
35 O segredo de refinar ouro no fogo.................183
36 O segredo de convidar o Senhor para contemplá-lo......187
37 O segredo da cruz................................191
38 O segredo do descanso............................197

Parte IV
Buscando um relacionamento mais profundo..............201
39 O segredo de buscar as verdadeiras riquezas...........203
40 O segredo de contemplar Jesus.....................207
41 O segredo de permanecer na presença de Deus.........211
42 O segredo da luz do corpo........................217
43 O segredo de apenas amá-lo.......................221
44 O segredo de ser conhecido.......................225
45 O segredo de priorizar a intimidade.................229
46 O segredo da identidade da noiva..................235
47 O segredo de apegar-se...........................241
48 O segredo de andar com Deus.....................245
49 O segredo de comprar óleo........................251
50 O segredo da constante provisão...................255
51 O segredo de permanecer em Cristo.................261
52 O segredo da união com Deus......................267

Parte I

ACEITANDO O GRANDE CONVITE

É incrível o fato de que o maravilhoso Deus do Universo tenha nos convidado a desenvolver um relacionamento renovado e crescente com Ele! Esta primeira seção de meditações direcionará nossos corações para algumas das verdades fundamentais que nos ajudarão a estabelecer um local secreto significativo de comunhão com Deus. Você pode optar por ler um capítulo por semana ou de acordo com o seu próprio ritmo. Seja qual for a decisão que você tomar, diga "sim" para o incrível convite de Deus!

Capítulo 1

O SEGREDO DE DIZER "SIM"

Chris e DeeAnn Abke estavam se sentindo aterrorizados pela ameaça de um grande desafio financeiro. Desesperados, certa noite – depois de terem colocado as crianças na cama – eles passaram algum tempo orando e buscando a ajuda de Deus. Assim que se sentaram juntos no sofá da sala de estar para clamarem a Deus por suas necessidades, repentinamente uma voz audível começou a falar: "Se você precisa de ajuda, ligue para 9-1-1. Se você precisa de ajuda, ligue para 9-1-1".

Eles ouviram a voz repetir isso por cerca de quatro ou cinco vezes e, em seguida, ela parou. Admirados, Chris e DeeAnn apenas se entreolharam.

A voz parecia vir da garagem. Então, cautelosamente, eles abriram a porta e acenderam a luz, incertos do que encontrariam ali. Tudo estava em seu devido lugar, exceto uma pequena ambulância de brinquedo de uma das crianças que estava no chão, no centro da garagem.

Chris pegou a ambulância, pressionou um botão ao lado das luzes de emergência e a voz começou a falar: "Se você precisa de ajuda, ligue 9-1-1".

Enquanto eles conjecturavam como o brinquedo tinha ligado sozinho, repentinamente o Espírito Santo pareceu cutucar Chris com as seguintes palavras: "Se você precisa de ajuda, ligue 9-1-1 – Salmo 91.1". À medida que liam novamente esse versículo juntos, ele passou a ter um significado inteiramente novo para os dois: "Aquele que habita no abrigo do Altíssimo e descansa à sombra do Todo-poderoso".

Chris e DeeAnn compreenderam o incidente como sendo a maneira de Deus falar aos seus corações para virem a ter um compromisso renovado de relacionamento com Ele, no lugar secreto, que é o abrigo do Altíssimo. Chegaram à conclusão de que Deus direcionaria seus passos até a solução dos problemas financeiros, à medida que se entregassem à intimidade de permanecer na presença do Altíssimo.

Estou compartilhando a história de meus amigos com você, por estar absolutamente convencido de que o poder de Deus é liberado na terra quando entramos no lugar secreto. Portanto, escrevi este livro com o único objetivo de reacender sua vida de oração pessoal. Oro para que você diga "sim!" para uma busca diária e fervorosa de Jesus no lugar secreto.

Minha oração é que a cada devocional você tenha um momento de renovação e passe a ter uma fascinação santa por buscar a grande pérola da existência humana – um relacionamento pessoal, íntimo, apaixonado e avivado com o glorioso Criador do Universo.

Um dos maiores segredos de nossa fé é a bem-aventurança e a alegria de cultivar uma vida de intimidade com Deus. Imagine o absoluto deleite de usufruir disso ainda aqui na terra.

Você se retira para um lugar silencioso. Com a porta fechada, se ajeita numa posição confortável. Abre a Palavra viva de Deus com o próprio Jesus ao seu lado e o Espírito Santo gentilmente lavando seu coração.

O seu amor é despertado à medida que você medita nas graciosas palavras que saem da boca de Deus. Seu espírito está aceso e sua mente renovada. Você fala com Deus e Ele fala com você de maneira íntima e amiga.

Ah, não existe nada melhor do que isso!

O inferno fará tudo que estiver ao seu alcance para confundir e distorcer o exuberante deleite desta realidade dinâmica. O sistema do mundo atual está voltado estrategicamente para reduzir ao máximo seu tempo e energia a fim de impedi-lo de entrar no lugar secreto. A igreja normalmente concentra a maior parte de sua energia para manter os santos ocupados, e, relativamente, parece existir poucos cristãos cuja vida de intimidade com Deus seja tão vibrante a ponto de contagiar outras pessoas, levando-as a desejarem seguir seu exemplo.

Eu me identifico intimamente com a dor de inúmeros crentes que têm a convicção de que o lugar secreto é vital para uma vida de superação, e se esforçam regularmente para entrar nele como um estilo de vida diário. Eu sei como é viver abaixo do nível que uma caminhada cristã poderia ser e ainda se sentir quase sem forças para mudar alguma coisa. Eu me vi voltando persistentemente para as fontes que não eram nenhuma fonte.

Num dia exaustivo, quando desejei me revitalizar, decidi assistir televisão, achando que sua programação iria me renovar e acabei vazio pela milésima vez.

Ou quando fui ao culto em uma determinada igreja com a esperança de que o caminhar com Deus do pastor infundiria em mim uma energia nova para a jornada.

Mas no fundo, eu sabia que os sermões e os ensinamentos, embora edificantes, nunca poderiam substituir o poder que existe quando nos sentamos aos pés de Deus e o ouvimos falar conosco.

Não precisamos acrescentar outra palavra de condenação às críticas que todos nós conhecemos tão bem.

O que nós precisamos, em vez disso, é elevar nossos olhos para a gloriosa esperança que já carregamos dentro de nós. Meu desejo é que eu possa compartilhar alguns segredos – lições que aprendi principalmente por ter feito a coisa errada primeiro – para capacitá-lo a ir em direção ao objetivo da chamada para o alto de Deus em Cristo.

Quando aprendemos a habitar no lugar secreto, no abrigo do Altíssimo, nos posicionamos para descobrir a chave para a fertilidade do Reino verdadeiro. O poder reprodutivo é liberado na sombra do Todo-poderoso!

Um dos melhores exemplos dessa verdade na Bíblia é encontrado na vida de Cornélio, o primeiro gentio cristão. Cornélio era um homem devoto que tinha o compromisso de entrar no lugar secreto para orar. Sua piedade é descrita no livro de Atos em quatro partes: ele dava esmolas regularmente aos pobres, tinha um estilo de vida santo, jejuava e entrava no lugar secreto para orar.

Foi devido a essas quatro condutas que Deus encheu Cornélio e sua família com o Espírito Santo e os tornou as primícias de todos os cristãos gentios. Foi como se Deus dissesse: "Cornélio, devido a sua convicção apaixonada de entrar no lugar secreto, sua vida é um exemplo que posso reproduzir nas nações. Portanto, estou designando-o como o primeiro gentio a receber o Espírito Santo, porque vou pegar sua devoção ao lugar secreto e exportá-la para todas as nações da terra!".

Tornando Cornélio o catalisador da redenção das nações, Deus estava dando um endosso poderoso à prioridade de Cornélio de cultivar uma vida de intimidade com Ele. A efervescência de fertilidade de sua vida deve ter pegado até o próprio Cornélio desprevenido!

Muitos dos que estão lendo este livro têm um chamado para testemunhar à vizinhança, às cidades e também às nações. À medida que você se dedicar a entrar no lugar secreto, ele fará nascer algo dentro de você que se espalhará, no tempo de Deus, aos quatro cantos de sua esfera.

Este é um segredo incrível: O chamado de Deus queimando dentro de seu peito não poderá ser contido nem interrompido, à medida que você de dedicar à ardente paixão de comunhão íntima com aquele que ama sua alma.

Você não deseja juntamente comigo se apressar e avançar na direção de novas dimensões do poder e da glória do Reino? A face do cristianismo é alterada, de geração em geração, por aqueles que descobrem o poder de entrar no lugar secreto. Eu oro para que, com a leitura de cada página, você se junte a mim dizendo "sim!" ao segredo de séculos.

"Qual é este segredo?", algumas pessoas podem se perguntar.

O lugar secreto é o segredo!

Capítulo 2

O SEGREDO DA PORTA FECHADA

> Mas quando você orar, vá para seu quarto, feche a porta e ore a seu Pai, que está em secreto. Então seu Pai, que vê em secreto, o recompensará. – Mateus 6.6

O próprio Jesus falou essas palavras abençoadas. Toda a Escritura é inspirada por Deus, mas todos os que o seguem sempre encontram deleite especial em dar atenção especial às palavras de Jesus. Quando Jesus ensinou sobre oração, deu bastante ênfase ao lugar secreto. Nos versículos seguintes, Ele nos ensina *como* orar, mas primeiro nos ensina *onde* orar.

Mateus 6.6 contém um segredo poderoso em relação ao lugar de oração, mas antes de compartilhá-lo, deixe-me fazer algumas perguntas. Você luta frequentemente contra a sensação de estar desconectado de Deus? Você se esforça para sentir a presença de Deus quando ora? Deus parece estar distante de você? Deseja saber se Deus está com você e se, exatamente agora, está se aproximando de você?

Se sua resposta a algumas dessas perguntas for "sim", então tenho ótimas notícias para você. Existe um modo garantido de entrar na presença de Deus. Há um modo 100% garantido de se obter intimidade imediata com o Pai, e o próprio Jesus nos deu a chave. Jesus nos revelou esse segredo, no versículo acima, quando disse "seu Pai, que está em secreto". Jesus está dizendo: "Seu pai já está no lugar secreto. Ele foi à sua frente e está esperando por você. No momento em que você chegar ao lugar secreto, entrará imediatamente na presença dele".

Jesus afirmou esta verdade duas vezes no mesmo capítulo. Ele a repetiu pela segunda vez em Mateus 6.18: "Para não pareceres aos homens que jejuas, mas a teu Pai, que está em secreto; e teu Pai, que vê em secreto, te recompensará publicamente" (ACF). Jesus disse isso duas vezes para enfatizar e, portanto, sabemos que esta Palavra é absolutamente certa. Nosso Pai está no lugar secreto!

Além disso, Jesus nos dá a chave para encontrar este lugar secreto. Se você está imaginando o que é preciso fazer para ir ao lugar secreto, Jesus deixou claro: para chegar lá, tudo o que você tem que fazer é fechar a sua porta!

Quando você entra em seu quarto e fecha a porta, você tem acesso à presença do seu Pai. Imediatamente! Não importa o que você esteja sentindo. Independentemente do estado de sua alma naquele momento, você sabe com absoluta certeza que adentrou a câmara do seu Pai no céu. O lugar secreto é o seu portal para o trono, o lugar onde você prova do céu.

Aceite esta palavra e você terá recebido um dos maiores segredos sobre ter intimidade com Deus. Pois quando você sabe que está na presença imediata de seu Pai, seu espírito e sua alma normalmente respondem àquele conhecimento com uma profunda conexão. O conhecimento dessa verdade liberará seu espírito para decolar.

Ao construir sua vida com base na intimidade abençoada de um relacionamento com Deus a partir do lugar secreto, você está se edificando sobre a rocha. Você está firmando seus alicerces no lugar certo. Isso não é simplesmente minha opinião, mas um ensinamento claro de nosso Senhor Jesus Cristo. Os princípios que Jesus ensinou nos capítulos 5 a 7 de Mateus foram dados de uma só vez por meio de um grande sermão. Jesus disse, nesse sermão, que era a pedra fundamental da vida de um discípulo. Veja como Ele se expressou:

> Portanto, quem ouve estas minhas palavras e as pratica é como um homem prudente que construiu a sua casa sobre a rocha. Caiu a chuva, transbordaram os rios, sopraram os ventos e deram contra aquela casa, e ela não caiu, porque tinha seus alicerces na rocha. Mas quem ouve estas minhas palavras e não as pratica é como um insensato que construiu a sua casa sobre a areia. Caiu a chuva, transbordaram os rios, sopraram os ventos e deram contra aquela casa, e ela caiu. E foi grande a sua queda. – Mateus 7.24-27

A mensagem de Jesus é clara. Ele está dizendo: "Se você ouvir e praticar o que ensinei neste sermão da Montanha, construirá alicerces para sua vida que subsistirão às mais árduas tempestades". E, acredite em mim, elas com certeza virão! E a minha pergunta é: Você tem alicerces bem fundamentados para subsistir às tempestades?

Um dos elementos essenciais desse alicerce é manter intacta uma vida de intimidade com Deus. Aqueles que derem crédito e praticarem esta Palavra não apenas gozarão de intimidade com o Pai diariamente, mas também estarão equipados para se manterem firmes em meio às grandes tempestades da vida, sejam elas decorrentes da fúria do inferno, das distrações do mundo ou das comportas que nos separam de algumas bênçãos de Deus.

Não se esqueça do segredo: feche a porta.

Capítulo 3

O SEGREDO DE OUVIR

Quando Deus resgatou o povo de Israel do Egito, através do mar Vermelho até o monte Sinai, Ele apareceu à nação como um fogo visível na montanha e falou com uma voz audível de trovão. A experiência foi tão incrível que subjugou os israelitas, que acabaram pedindo a Moisés que fosse até Deus e falasse em nome deles.

O salmista descreveu esta cena com uma frase muito incomum: "Do esconderijo [lugar secreto] dos trovões lhes respondi" (Sl 81.7). Deus considerou a convocação no monte Sinai como um encontro no "lugar secreto" com seu povo. Ele os chamou à parte, em uma montanha no deserto, para falar com eles e lhes dar seus mandamentos.

Deus sempre menciona que o lugar secreto é um lugar onde nos responde e fala conosco. Às vezes, Ele até nos apreende com sua incrível voz de trovão. Não há nada mais glorioso em toda a vida do que ouvir sua voz! Deus sempre desejou ter esse tipo de relacionamento íntimo com seu povo, em que eles ouvissem a sua voz e respondessem devidamente.

Fechamos a porta de nosso lugar secreto e, assim, podemos fechar todas as vozes que nos distraem e sintonizar nossos corações com a única voz que desejamos ouvir. O esconderijo do trovão – que descrição incrível do lugar que separamos para estar com nosso Senhor!

Algo profundo aconteceu dentro de mim no dia em que o Senhor me mostrou a palavra mais importante da Bíblia inteira. Eu estava fazendo um intenso estudo sobre os ensinamentos de Jesus e fiquei repentinamente impressionado com a frequência com que Jesus falava sobre a necessidade de ouvir. Como exemplo disso, podemos ver que Ele gritou: "Aquele que tem ouvidos para ouvir, ouça!" (Mt 13.9). Suas palavras me atingiram como um trem de carga. Eu percebi que tudo no Reino depende de ouvimos ou não a Palavra de Deus.

O Espírito Santo começou a me mostrar aquela verdade do início ao fim da Bíblia e, repentinamente, conclui que a palavra "ouvir" é a mais importante das Escrituras! Os mais importantes tesouros do Reino são baseados na necessidade de ouvir a Deus. Quando Deus me revelou esta verdade, na mesma hora desejei sublinhar cada ocorrência da palavra "ouvir" em minha Bíblia.

Meu paradigma de modo de viver no Reino foi radicalmente realinhado, porque fui despertado para o fato de que tudo muda quando ouço algo de Deus e ajo segundo essa palavra. Essa é a fonte da vida eterna; essa é a nascente do poder e da autoridade do Reino; essa é a fonte da sabedoria, da compreensão e da direção da vida!

Nada pode substituir a confiança e a autoridade provenientes de ouvir a Deus. Ouvir a voz de Deus tornou-se uma busca singular do meu coração, a única busca que por si só satisfaz o grande anseio de meu coração.

Por este motivo eu defendo incisivamente uma vida de oração que em grande parte seja constituída pelo silêncio. É um grande deleite conversar com Deus, mas é ainda mais emocionante quando Ele fala conosco. Descobri que Ele tem coisas mais importantes a dizer do que eu.

As coisas não mudam quando eu falo com Deus; as coisas mudam quando Deus fala comigo. Quando eu falo, nada acontece; quando Deus fala, o Universo passa a existir. Portanto, o poder da oração se dá não em convencer a Deus sobre minha agenda, mas em aguardar para ouvir a agenda dele.

Eu não quero de maneira nenhuma passar a impressão de que ouvir a voz de Deus é minha experiência diária no lugar secreto. Longe disso! A maioria das vezes eu saio com desejos não atendidos, iniciativas não recompensadas, orações não respondidas, aspirações não realizadas, esperanças adiadas e compreensões incompletas.

Mas então surge um daqueles dias – você sabe do que eu estou falando – quando o céu se inclina e Deus fala uma palavra diretamente ao meu coração. Ele sopra sobre uma parte das Escrituras e personaliza seu significado com precisão para minhas insignificantes necessidades. Oh, que glória! Esse momento vale toda a busca dos dias anteriores. Eu perseverarei em meses de silêncio, se Ele assim desejar, para ouvir uma única palavra criativa de sua boca ao meu espírito.

Minha função no lugar secreto é ouvir tudo o que Deus possa querer dizer. Se Ele não falar comigo, meu tempo gasto em silêncio para ouvi-lo não será inútil nem em vão. Eu não perdi algo nem deixei de me conectar. Eu fiz minha parte. Isso é tão importante para mim que eu me coloquei na posição de ouvinte.

Tenho consciência de que houve dias em que não ouvi a palavra de Deus claramente ao meu coração, porque não estava ouvindo no momento em que Ele estava falando. Percebi, então, que não posso impor a Deus o que falar ou quando falar. Mas posso me posicionar no lugar secreto e, assim, quando Ele decidir falar, eu estarei ouvindo.

As Escrituras dizem: "Pois ele é o nosso Deus, e nós somos o povo do seu pastoreio, o rebanho que ele conduz. Hoje, se vocês ouvirem a sua voz" (Sl 95.7). Portanto, ouvir a voz de Deus é, em grande parte, uma questão de vontade. Você deve decidir ouvi-lo.

Fazemos essa escolha ao separarmos tempo para ouvi-lo em silêncio. Ouvir é algo que devemos fazer "hoje". Está escrito "se", porque ouvir a voz de Deus é condicional – com base na condição de silenciar nossos corações para ouvi-lo.

Todos nós queremos que Deus ouça nossas orações, mas Ele disse: "Quando eu os chamei, não me deram ouvidos; por isso, quando eles me chamarem, também não os ouvirei, diz o Senhor dos Exércitos" (Zc 7.13). Em outras palavras, Deus está dizendo: "Quando eu falei, vocês não me ouviram; portanto, quando vocês falarem, eu não ouvirei vocês".

A conclusão é que quando ouvimos a voz de Deus, Ele, por sua vez, ouve a nossa voz.

Oh, como eu posso falar deste segredo maravilhoso de forma mais articulada? Como posso tornar isso mais simples? Ouvir a Deus é o segredo mais apreciado do lugar secreto.

Não acredite nas mentiras do inimigo. Ele é capaz de dizer que você não pode ouvir a voz de Deus. Nada poderia estar mais longe da verdade do que isso. Jesus falou a respeito de si mesmo: "As minhas ovelhas ouvem a minha voz; eu as conheço, e elas me seguem" (Jo 10.27). Você pode ouvir a voz de Deus. Interrompa todos os seus afazeres, retire-se para algum lugar, ouça e o aguarde. Aguarde até que Ele deseje se comunicar com você.

Quando estamos posicionados para ouvi-lo, é muito comum sermos bombardeados com pensamentos sobre tudo o que precisamos fazer em nossa rotina diária. Uma sugestão prática: leve um caderno de anotações para o lugar secreto e anote "as coisas a serem feitas" à medida que interromperem seu estado de ouvinte. Em seguida, você poderá tirar esses pensamentos da cabeça e manter seu foco onde deseja, sabendo que não se esquecerá desses detalhes posteriormente.

E sinta-se encorajado com o fato de você não ser o único que considera ouvir uma disciplina muito difícil de ser realizada. As melhores conquistas em Deus são sempre difíceis de serem obtidas. Prepare-se para fazer da disciplina de ouvir a busca de sua vida inteira. Com o tempo, ela se tornará cada vez mais e mais fácil.

Vamos crescer juntos!

Capítulo 4

O SEGREDO DA OBEDIÊNCIA RADICAL

Ouvir a Deus no lugar secreto é uma das maiores chaves para a vida cristã de superação. Entretanto, isso deverá estar associado com seu corolário: a obediência radical. Nós ouvimos e, em seguida, praticamos: "Sejam praticantes da palavra, e não apenas ouvintes, enganando-se a si mesmos" (Tg 1.22).

Por "obediência radical" eu quero dizer obediência imediata que atende a ordenança em toda a sua extensão. A obediência radical não busca estar em conformidade com os padrões mínimos, mas com a realização extravagante e ilimitada. Se Jesus disser: "Venda tudo", então nós venderemos tudo! Imediatamente.

A palavra no Novo Testamento para obediência, *hupakoe*, é composta de duas palavras gregas, *hupo*, que significa "sujeito a", e *akouo*, "ouvir". Portanto, obedecer é "sujeitar-se a ouvir". A obediência envolve ouvir atentamente com um coração submisso e complacente e, em seguida, obedecer a Palavra de Deus.

A obediência implícita começa, para cada um de nós, não em fazer boas obras, mas em sentar aos pés de Deus e ouvir sua Palavra. Devoção ao lugar secreto é o primeiro grande ato de obediência do cristão. Jesus nos revelou:

> "Quem é minha mãe, e quem são meus irmãos?", perguntou ele. Então olhou para os que estavam assentados ao seu redor e disse: "Aqui estão minha mãe e meus irmãos! Quem faz a vontade de Deus, este é meu irmão, minha irmã e minha mãe". – Marcos 3.33-35

A vontade de Deus naquele momento era que as pessoas se sentassem aos pés de Jesus e ouvissem sua palavra. Até cuidar primeiramente dessa responsabilidade, você ficará constantemente frustrado em sua incapacidade de descobrir a alegria da obediência radical.

As atividades do culto recebem sua energia espiritual da fornalha de um relacionamento de amor fervoroso aos pés de Jesus. A verdadeira satisfação de servir a Jesus é descoberta quando fazemos as primeiras coisas: primeiro, nos sentamos e ouvimos; depois, nos levantamos e fazemos.

Meu amigo, Steve Peglow, certa vez me contou que considerava algumas pessoas como "cristãs da lei comum". Com isso, Steve queria dizer que elas desejavam os benefícios do viver em Cristo sem ter compromisso com Ele. Mas assim como a alegria completa de viver junto é encontrada somente no contexto do compromisso do casamento, a alegria de seguir Jesus é encontrada somente ao nos entregarmos a cada palavra que procede de sua boca.

Algumas pessoas empregam toda a sua energia em pensamentos criativos.

Entretanto, Deus tem uma forma de negar os planos dos homens:

> O SENHOR desfaz os planos das nações e frustra os propósitos dos povos. Mas os planos do SENHOR permanecem para sempre, os propósitos do seu coração, por todas as gerações. – Salmos 33.10-11

Em vez de se concentrar em ser criativo, concentre-se em ser obediente. Empregue sua melhor energia em aguardar Deus em sua presença, ouvindo sua voz e passando a agir somente quando Ele tiver falado. Não há sentido em propor suas próprias ideias quando somente o conselho de Deus prevalecerá! Estou falando isso de várias formas diferentes: a chave está em ouvir e obedecer.

Oh, que prazer é ouvir sua Palavra e praticá-la! Os benefícios são profundos.

A obediência libera a vida abundante eternamente

Jesus disse: "Sei que o seu mandamento é a vida eterna. Portanto, o que eu digo é exatamente o que o Pai me mandou dizer" (Jo 12.50). Ditas pelo mestre, essas palavras simples contêm uma força maior do que uma leitura superficial pode revelar. Leve esse versículo para seu lugar de meditação e deixe Deus despertá-lo para o poder de vida gerado pela adoção extravagante de seu mandamento. A vida que reside em Deus flui para você mediante a obediência.

A obediência incorre na contemplação de Deus

Deus olha com especial interesse e afeição para quem é devotado à obediência. Ele disse:

"Não foram as minhas mãos que fizeram todas essas coisas, e por isso vieram a existir?", pergunta o SENHOR. "A este eu estimo: ao humilde e contrito de espírito, que treme diante da minha palavra." – Isaías 66.2

É fantástico apenas imaginar: Você está no lugar secreto com a Palavra de Deus aberta e tremendo na esperança de Deus falar com você; Ele observa seu espírito desejoso e concebe as maneiras de honrar sua devoção. Uau! Tremer diante da Palavra de Deus significa, primeiramente, que desejamos que Ele fale conosco e, depois, que agiremos com pronta diligência segundo a Palavra que nos der. Quando trememos diante da Palavra com este tipo de antecipação aguçada, Deus fixa seus olhos em nós para nos fazer o bem.

A obediência gera maior intimidade

Em minha opinião, uma das afirmações mais poderosas que Jesus fez na terra está em João 14.21: "Quem tem os meus mandamentos e lhes obedece, esse é o que me ama. Aquele que me ama será amado por meu Pai, e eu também o amarei e me revelarei a ele". Jesus disse que a obediência é a prova de amor, e o amor gera em nós uma intimidade incrível com o Pai.

Além disso, a obediência libera a afeição de Cristo e sua disposição de revelar informações sobre si mesmo ao coração humano. Não há nada que eu deseje mais do que Jesus se manifestar a mim!

Devido à esperança de contemplá-lo, adotarei quaisquer e todos os mandamentos que Deus proferir. Eu escolho obedecê-lo não porque fico empolgado em observar minha obediência mudar a vida das pessoas, mas pelo fato de sua presença ser tão doce quando o obedeço. Meu coração fica cheio de zelo por sua proximidade e a obediência apenas alimenta esse fogo.

A obediência cria alicerces inabaláveis

Portanto, quem ouve estas minhas palavras e as pratica é como um homem prudente que construiu a sua casa sobre a rocha. Caiu a chuva, transbordaram os rios, sopraram os ventos e deram contra aquela casa, e ela não caiu, porque tinha seus alicerces na rocha. Mas quem ouve estas minhas palavras e não as pratica é como um insensato que construiu a sua casa sobre a areia. Caiu a chuva, transbordaram os rios, sopraram os ventos e deram contra aquela casa, e ela caiu. E foi grande a sua queda. – Mateus 7.24-27

Você perceberá que as tempestades vêm tanto para aqueles que praticam as palavras de Jesus quanto para aqueles que não as praticam. Ninguém fica incólume. As tempestades invariavelmente atravessarão o seu caminho. A única questão é: você sobreviverá? Seus alicerces serão sólidos o suficiente para suportar os ventos e as inundações?

Aqueles que têm uma vida pautada na obediência radical se prepararam para a tempestade, e a superam. "Se tão-somente você tivesse prestado atenção às minhas ordens, sua paz seria como um rio, sua retidão, como as ondas do mar" (Is 48.18). Quanto mais os ventos incidirem contra a obediência, mais sua retidão ficará evidente, como ondas gigantes e poderosas colidindo contra a encosta com estrondos majestosos da fragrância de Deus.

Naturalmente, existem muitos outros benefícios gerados pela obediência além dos quatro que acabei de citar. Mas estou tentando manter os capítulos deste livro dentro do número de páginas planejado! No entanto, considere apenas outros dois breves pensamentos relacionados à obediência. O primeiro chega até nós através de Maria, a mãe de Jesus.

Maria nos deu uma das melhores definições de obediência: "Sua mãe disse aos serviçais: 'Façam tudo o que ele lhes mandar'" (Jo 2.5). Os verdadeiros servos são encontrados sentados aos pés de Jesus: "Quem me serve precisa seguir-me; e, onde estou, o meu servo também estará. Aquele que me serve, meu Pai o honrará" (Jo 12.26). Então, quando Jesus fala, eles apenas ficam sentados aos seus pés.

Os servos não tentam dar ao mestre uma ideia melhor; os servos não reclamam dizendo que a tarefa é estúpida; os servos não tentam decidir se estão com vontade de obedecer imediatamente; os servos não decidem se a tarefa está enquadrada em seu padrão de dignidade para executá-la. Eles apenas obedecem. "Assim também vocês, quando tiverem feito tudo o que lhes for ordenado, devem dizer: Somos servos inúteis; apenas cumprimos o nosso dever" (Lc 17.10).

Quanto mais você se aproximar de Deus, mais obediente deve se tornar. Alguns escolhem o nível de obediência em que se esforçam para evitar o pecado e escolher a retidão. Esse era o nível em que os israelitas, que conheciam as leis de Deus, viviam. Moisés, entretanto, conhecia a Deus. Portanto, o nível de obediência de Moisés era necessariamente maior. A questão para Moisés não era mais simplesmente "esta ação está certa ou errada?". A questão era: "Qual é o mandamento de Deus?".

Quando Moisés estava na montanha em que Deus se manifestou em chamas de fogo, o mandamento era: "Permaneça atrás da fenda da rocha. Porque se você sair de trás da rocha que o protege e vir a minha face, você morrerá. Você está tão perto de mim agora, Moisés, que se fizer um movimento errado verá a minha face e terá uma parada cardíaca fulminante".

Agora, há alguma coisa errada ou pecaminosa em sair de trás da rocha? Não. Mas quando você está próximo demais de Deus, é imperativo que siga suas instruções ao pé da letra e permaneça onde Ele colocá-lo.

Isso simplesmente reforça mais um segredo: quanto mais próximo você estiver de Deus, mais obediente deve se tornar.

Capítulo 5

O SEGREDO DO ARREPENDIMENTO RÁPIDO

Oito vezes a Bíblia nos ordena: "Tenham cuidado" (Êx 19.12; Dt 4.23; 11.16; Jr 17.21; Lc 17.3; 21.34; At 5.35; 20.28). Duas dessas ordens são dadas pelo próprio Jesus. Tomar cuidado é uma ação básica do lugar secreto. A oração é a calibração constante da alma. É um estilo de vida de parar por um momento e adquirir estoque espiritual puro. Isso não é paranoia espiritual, mas a prática de alguém que tem um temor saudável em relação a Deus e um sublime desejo de alcançar altos níveis de intimidade gloriosa com Ele. O autêntico cristão está constantemente testando seu fervor espiritual, a vigilância, a fidelidade, a pureza, o amor, a obediência e o crescimento na graça.

É no lugar secreto que "meu espírito pergunta" (Sl 77.6). Anseio muito agradar a Deus e conhecer sua vontade, por isso meu espírito pergunta ao meu coração se há algo em mim de que eu precise me arrepender. Eu não quero que exista nada em minha vida que atrapalhe meu relacionamento com Deus ou seus propósitos para nós. Eu me sinto como se estivesse peneirando ouro – os achados são poucos e não tão significativos quanto o desejado.

Veja um excelente conselho: transforme-se numa pessoa que se arrepende facilmente. A única forma de se aproximar de Deus é através do arrependimento. Se o seu orgulho for um empecilho, supere-o. Você é um miserável. Você precisa de tanta misericórdia que chega a ser assustador. Entenda isso e passe a dominar a arte do arrependimento. Denomine seu pecado da pior forma possível. Humilhe-se. Coloque seu rosto no pó.

Lembro-me do dia em que me conscientizei de que eu vivia abaixo da glória de Deus. Isso aconteceu enquanto eu lia a história de Jesus multiplicando os pães e os peixes para cinco mil homens: "Levantando os olhos e vendo uma grande multidão que se aproximava, Jesus disse a Filipe: 'Onde compraremos pão para esse povo comer? Fez essa pergunta apenas para pô-lo à prova, pois já tinha em mente o que ia fazer'" (Jo 6.5-6).

Jesus estava testando Filipe para verificar se ele estava vivendo na dimensão da glória. Filipe teria que estar vivendo em outra dimensão para saber a resposta do teste, que era simplesmente: "Senhor, apenas parta esses pães e peixes e os multiplique para a multidão". Filipe falhou no teste, porque seus pensamentos estavam no universo abaixo do de Jesus (veja Isaías 55.9). Naquele momento, percebi claramente: estou falhando no teste de Filipe praticamente todos os dias! Sou tão terreno em minhas perspectivas que quase não tenho consciência da dimensão da glória em que Jesus vive. É seguro pressupor que, fora a graça de Deus, estou constantemente aquém das expectativas da excelência da glória de Deus. Preciso me arrepender constantemente? Pode apostar que sim!

Meu querido amigo, eu oro para que você aceite o segredo radical do arrependimento rápido. O arrependimento imediato abre o canal para a comunhão íntima com Deus. Quando você estiver no lugar secreto, seja rápido em confessar sua incredulidade e dureza de coração. Não espere Deus lhe falar sobre isso. Concorde com Ele rapidamente.

Quando falo de arrependimento neste capítulo, não estou falando do arrependimento de pecados como mentira, fornicação, roubo, maledicência, pornografia, ódio, bebedeira ou avareza. Esses pecados são tão óbvios que você nem mesmo precisa do convencimento do Espírito Santo para saber que está em desobediência. A Palavra de Deus é bem clara em relação a esses pecados. A sinceridade e a consciência limpa não podem existir até termos conseguido lidar com esses tipos de pecados externos.

Estou falando sobre o arrependimento de nossas iniquidades. As iniquidades são as falhas ocultas que não vemos, o resíduo mau de nossa natureza decaída que descolore o tecido de nossos pensamentos, motivações, sentimentos, respostas e desejos. As iniquidades estão inseridas em áreas muito mais sutis de pecado, como o orgulho, a rebelião, a incredulidade, a inveja, o egoísmo, a ambição e a cobiça.

Todos nós temos porções de iniquidade e precisamos da ajuda de Deus para enxergá-las. Não podemos nos arrepender de algo que não temos consciência, então, Deus nos ajudará a vê-las. Deus tem muitas maneiras de fazer com que nossas iniquidades venham à tona. E essas maneiras são resumidas sob a metáfora bíblica do fogo. Como Deus usa o fogo para fazer com que nossas iniquidades sejam visíveis é o assunto da passagem a seguir:

> Entretanto, o firme fundamento de Deus permanece inabalável e selado com esta inscrição: O Senhor conhece quem lhe pertence e afaste-se da iniqüidade todo aquele que confessa o nome do Senhor. Numa grande casa há vasos não apenas de ouro e prata, mas também de madeira e barro; alguns para fins honrosos, outros para fins desonrosos. Se alguém se purificar dessas coisas, será vaso para honra, santificado, útil para o Senhor e preparado para toda boa obra. – 2Timóteo 2.19-21

Paulo está dizendo que a vida cristã é alicerçada em duas realidade poderosas: somos conhecidos por Cristo e nos afastamos da iniquidade quando a vemos.

Quando você estiver no lugar secreto meditando na Palavra, Deus usará o fogo das circunstâncias combinado com o fogo de sua Palavra para revelar suas falhas ocultas. Quando contemplar a perfeição e a beleza de Deus, repentinamente se verá sob uma luz completamente nova. Você perceberá a aceitação incondicional de Deus a despeito de suas fraquezas, mas também o firme compromisso em moldá-lo à imagem de Cristo. Nesse momento você estará diante de uma oportunidade maravilhosa: o momento de se arrepender rapidamente.

Para o cristão, esse é efetivamente um momento empolgante. O arrependimento torna-se a oportunidade de se afastar de coisas que estão atrapalhando o amor e, como tal, se torna o catalisador de uma maior e mais profunda intimidade do que aquela que conhecemos até este ponto com Deus. Quando nos arrependemos rapidamente dessas coisas que a Palavra de Deus está revelando, experimentamos o prazer do Pai de uma maneira palpável. A luz de seu semblante tocando nossos corações faz com que sintamos realmente seu deleite em nossa reação.

Assim que nos arrependemos das iniquidades que o fogo traz à tona, estamos efetivamente comprando ouro refinado pelo fogo (Ap 3.18). Um padrão consistente de arrependimento rápido fará com que nos tornemos um vaso de ouro ou prata, útil para o Mestre para fins nobres. Aqueles que não se arrependem não perdem necessariamente a salvação, apenas não progridem e não deixam de ser vasos de madeira ou barro. Eles são úteis para o Mestre somente para fins desonrosos (em uma casa grande há a necessidade até mesmo de desentupidor sanitário e pás de lixo).

A promessa da passagem anterior é clara: o arrependimento rápido da iniquidade faz com que avancemos para os propósitos mais nobres da grande casa de Deus e aprofunda nosso relacionamento com Ele.

Capítulo 6

O SEGREDO DE SEMEAR

Não se deixem enganar: de Deus não se zomba. Pois o que o homem semear, isso também colherá. Quem semeia para a sua carne, da carne colherá destruição; mas quem semeia para o Espírito, do Espírito colherá a vida eterna. E não nos cansemos de fazer o bem, pois no tempo próprio colheremos, se não desanimarmos. – Gálatas 6.7-9

Talvez o obstáculo mais comum aos cristãos, quando entram no lugar secreto, seja sentirem-se como se estivessem "perdendo tempo", imaginando que seu período de oração e meditação não resultará em nada. É uma grande tentação, nesses momentos em que nos sentimos impotentes, a vontade de ir fazer outra coisa qualquer com um dar de ombros que significa: "Bem, talvez amanhã eu me sinta melhor".

Algumas pessoas ficam tão desmotivadas com esses sentimentos de ineficácia que passam a ser negligentes. Espero que o segredo deste capítulo ajude você a voltar para os trilhos!

Veja um segredo maravilhoso contido em Gálatas 6: Quando você semeia no Espírito ao dedicar tempo ao lugar secreto, certamente colherá vida no Espírito. Geralmente aplicamos este texto à contribuição financeira, mas isso se aplica igualmente à busca de Deus em meditação para ouvi-lo. É impossível semear no Espírito sem ter uma colheita correspondente.

Quando falo de semear, falo no sentido de dedicar tempo ao lugar secreto. Estou falando em estabelecer padrões e hábitos que permitam passar, diariamente, um tempo significativo com Deus no lugar secreto. Esse tipo de semeadura inevitavelmente produzirá uma colheita em sua caminhada com Ele. Isso mudará você e, por sua vez, começará a afetar todos a sua volta.

Este segredo me sustentou em momentos quando estava muito tentado a desistir da intensidade de minha busca por Deus. Quando eu me retiro para jejuar, por exemplo, geralmente sou tentado com o sentimento de que meu jejum não está fazendo nenhum efeito no espírito.

Exatamente quando sou tentado a desistir, eu me lembro que se continuar semeando, um dia colherei. Eu tiro meu foco das frustrações atuais e volto minha confiança para a Palavra de Deus de que colherei a minha semeadura, em tempo, se perseverar. Eu sempre vivencio o segredo deste capítulo.

Muitas vezes eu acreditei que o período que tinha dedicado ao lugar secreto havia sido monótono e sem ocorrências especiais. Mas minha perspectiva posterior comprovou que, na verdade, tinha resultado num poderoso tempo com Deus. Descobri, então, que o real impacto do lugar secreto, geralmente, só fica evidente depois.

Vivemos em uma cultura que avalia suas prioridades com base em resultados imediatos. As vozes do mundo estão exigindo produção. Agora! A corrida para produzir pode nos roubar o investimento de tempo adequado no lugar secreto. Nós não devemos avaliar nosso progresso espiritual com base em quantos projetos realizamos ou prazos que cumprimos hoje.

Nossa vida devocional com Deus é mais parecida com o plantio de um jardim. Quando acabamos de semear no lugar secreto, não somos capazes de apontar para os resultados ou benefícios imediatos. O que plantarmos hoje exigirá uma estação inteira de crescimento antes de os resultados serem manifestos.

Semear geralmente é considerada uma atividade extremamente comum, chata e servil. Raramente os benefícios da semeadura são vistos imediatamente. Geralmente, leva um tempo antes de os benefícios da semeadura começarem a se tornar evidentes. A colheita espiritual autêntica raramente é instantânea. O crente sábio que compreende isso se dedicará arduamente à semeadura, sabendo que no momento certo colherá, se não desviar seu coração. "Quem trabalha a sua terra terá fartura de alimento, mas quem vai atrás de fantasias não tem juízo" (Pv 12.11).

Para fazer uma colheita, você deverá ainda preparar o solo de seu coração e depois implantar a Palavra de Deus nele. A Palavra de Deus é uma poderosa semente que, por fim, produzirá uma poderosa colheita, se o solo de nossos corações estiver com boa terra.

Cada momento que você passa no lugar secreto é um investimento. Você está aplicando em realidades eternas. Deus faz notações de suas obras e considera como honrará a sua dedicação. E as sementes que estão sendo plantadas em seu coração produzirão uma colheita nele mesmo – se você continuar a perseverar na fé e no amor.

Portanto, faça qualquer coisa, mas não desista! Quando você se sentir ineficaz, persista e invista ainda mais. A palavra que está sendo semeada em seu coração hoje irá germinar, brotar, criar raízes no subsolo e ramos acima do solo, e produzirá frutos.

Atente para o segredo: aquele que semear certamente colherá!

Capítulo 7

O SEGREDO DO REFÚGIO

Há um lugar de refúgio para as tempestades da vida. As tempestades nos atingirão inevitavelmente neste plano terreno, mas há um lugar para nos escondermos. Naturalmente, estou me referindo ao lugar secreto:

"Pois no dia da adversidade ele me guardará protegido em sua habitação; no [lugar secreto de] seu tabernáculo me esconderá e me porá em segurança sobre um rochedo" (Sl 27.5).

"No abrigo [lugar secreto] da tua presença os escondes das intrigas dos homens; na tua habitação os proteges das línguas acusadoras" (Sl 31.20). Há um lugar onde Deus esconde os seus amados – no santuário de sua presença. O dicionário Webster define santuário como "um lugar de refúgio; abrigo; portanto, de imunidade". A morada de Deus é um santuário para o soldado cansado da guerra, um lugar de imunidade contra as caçadas do inimigo.

Davi escreveu: "Em ti, Senhor, me refugio; nunca permitas que eu seja humilhado; livra-me pela tua justiça" (Sl 31.1). O título do Salmo 63 diz: "Salmo de Davi, quando ele estava no deserto de Judá". Então, minha pergunta é: como Davi pôde escrever sobre procurar Deus no santuário, quando estava fugindo para manter-se a salvo do rei Saul? Ele estava totalmente isolado, era um fugitivo político escondendo-se no deserto – e permaneceu lá por vários anos! Ele não tinha acesso ao santuário onde ficava a arca, portanto, obviamente não estava falando daquele santuário. Qualquer tentativa que fizesse para se aproximar daquele santuário lhe custaria a vida.

Então, que santuário Davi encontrou? Acredito que ele se referia a sua vida secreta com Deus. Apesar de não poder adorar diante da arca, ele descobriu o lugar secreto como sendo um abrigo do redemoinho de emoções e problemas que bombardeavam constantemente a sua alma. Lugar onde poderia dar vazão aos seus pensamentos ansiosos; ser renovado no amor de Deus à medida que contemplasse sua beleza; aquietar-se com a garantia da proteção de seu Pai celeste; ser curado das feridas causadas pela rejeição; ser revigorado para a jornada; sentir-se a salvo.

O lugar secreto pode ser comparado ao olho do furacão. Enquanto tudo está caindo sobre nossa cabeça, encontramos um santuário interno de descanso e paz. Há algo de paradoxal nisso, porque estamos experimentando, ao mesmo tempo, tormento e paz. Quando nos retiramos para o lugar secreto, a tempestade não para. Na verdade, às vezes, parece que quando nos refugiamos no Senhor em busca de ajuda a tempestade aumenta de intensidade!

Muitos cristãos ficam revoltados com o fato de que quando começam a se dedicar ao lugar secreto, a batalha em suas vidas aumenta. Em vez de encontrar refúgio, eles se deparam com turbulência. Este assunto costuma ser mistificado por muitas pessoas e, portanto, merece algum comentário.

Ao mesmo tempo em que o lugar de oração é um lugar de imunidade, também é um dos lugares favoritos de Satanás para atacar o cristão. Quando tentava destruir Daniel, o único motivo que encontrou que poderia favorecê-lo no ataque foi a vida de oração dele. Portanto, Satanás o atacou em seu lugar de oração. E a única forma que Judas achou para entregar Jesus ao chefe dos sacerdotes foi traindo-o no lugar de oração.

Dessa forma, o lugar secreto é tanto um lugar de santuário como também de ataques estratégicos do inimigo. A garantia do crente, entretanto, é que quando ele é atacado no lugar de oração, o Pai está exercendo sua jurisdição soberana em relação à situação inteira. Nada poderá acontecer-lhe no lugar secreto que Deus não permita, especificamente, para seus mais altos propósitos.

Você estará totalmente imune em relação a qualquer coisa que esteja fora da vontade de Deus.

O Salmo 91 trata da tensão entre segurança e turbulência. O salmo começa com uma poderosa promessa: "Aquele que habita no abrigo do Altíssimo e descansa à sombra do Todo-poderoso". Então, nós deduzimos: "Ótimo! Nada poderá nos atingir lá!".

Mas o restante do Salmo parece contradizer esse pensamento. O versículo 3 fala de ser pego no laço do caçador e contaminado por veneno mortal. O fato de Deus nos livrar dessas coisas não nega a realidade da dor da experiência quando, a princípio, somos pegos em sua esfera de ação. O Salmo também descreve o pavor da noite, as setas que voam de dia, a peste que se move sorrateira nas trevas e a praga que devasta ao meio-dia.

O versículo 15 aponta para um grande problema pessoal – o conforto é que o Senhor estará presente no momento da adversidade e trará livramento. Mas, às vezes, esperar por Deus até o livramento chegar pode ser agonizante.

Conforme mencionei, alguns cristãos ficam inconformados com o aumento da batalha quando se dedicam ao lugar secreto. Mas o salmista diz em Salmos 91.7: "Mil poderão cair ao seu lado, dez mil à sua direita, mas nada o atingirá". Aqueles que estão ao seu lado são os seus guerreiros amigos. Eles se ofenderam pelo fato de Deus permitir tal calamidade em suas vidas depois de terem sido tão fiéis.

Ainda que mil de seus companheiros caiam por causa da calamidade e nunca descubram o poder de ressurreição de Deus – mas levem as promessas dele para o túmulo –, isso não acontecerá com você. Mesmo que dez mil de seus irmãos não sejam libertos, Cristo será o seu libertador.

O Salmo 91 deve ser visto como direcionado não a todos os cristãos, mas a um tipo muito específico de cristão: Aquele que persevera no lugar secreto do Todo-poderoso. Milhares de cristãos podem cair por isso ou aquilo, mas nada o atingirá porque você aprendeu a perseverar.

Quanto mais aumentarmos nossa intimidade com Deus, mais real será a batalha que encontraremos pela frente. Francis Frangipane descreveu isso com a seguinte frase: "Novos patamares, novos demônios".

À medida que o ataque aumenta, nosso grito se intensifica: "Esconda-me!". Enquanto o corpo e a alma estiverem sendo afligidos com o aumento do assédio e do abuso do inimigo, o espírito estará encontrando um lugar de grande proteção, descanso e intimidade sob a sombra do Todo-poderoso (veja 2Coríntios 4.8-11). O Espírito Santo nos leva a um lugar de grande paz e conforto espiritual que só inflama a nossa alma com uma paixão ainda maior por Jesus – e isso, por sua vez, faz aumentar a ira de nossos atormentadores.

Que você possa ter a graça de tomar sua decisão agora, meu amigo: perder sua vida e buscar o lugar secreto do Altíssimo. Este é o caminho da cruz. A cruz é onde sofremos grandes ataques, mas mesmo assim não existe lugar mais seguro no Universo para se estar.

Oh, como desejo direcionar o seu coração para este lugar de refúgio! Sua mente está confusa? Corra para o Senhor. Refúgio é um lugar para onde você vai. Um refúgio não é erigido automaticamente ao seu redor; você tem que procurá-lo e correr para o abrigo a fim de encontrar um porto seguro.

A Escritura diz: "Para que, por meio de duas coisas imutáveis nas quais é impossível que Deus minta, sejamos firmemente encorajados, nós, que nos refugiamos nele para tomar posse da esperança a nós proposta" (Hb 6.18). Se Deus é seu refúgio, você deve se refugiar nele. O clamor correto deve ser: "Oh, Senhor, estou prestes a ser consumido – me refugio em ti! Esconda-me!".

> Peço-te que sejas a minha rocha de refúgio, para onde eu sempre possa ir; dá ordem para que me libertem, pois és a minha rocha e a minha fortaleza. – Salmos 71.3

Obrigado, Senhor, pelo presente do lugar secreto!

Capítulo 8

O SEGREDO DA TOMADA DE DECISÃO

Você tem uma decisão importante a tomar e não tem certeza sobre o que fazer? Corra para o lugar secreto! Porque para Deus não é apenas importante qual decisão você vai tomar, mas também de que maneira você vai tomá-la. É possível pegar a direção certa em uma bifurcação na estrada da vida e ainda assim estar com o coração distante de Deus. Jesus deseja que você tome decisões a partir da fonte de intimidade com Ele.

Quando se deparou com decisões importantes, Jesus nos deu o exemplo de valorizar o lugar secreto. Podemos ver isso claramente na escolha das pessoas que estariam mais próximas a Ele. Jesus sabia que era fundamentalmente importante escolher com precisão os doze apóstolos, porque os homens certos devidamente escolhidos mudariam o mundo. Portanto, quando chegou a hora de decidir dentre todos aqueles que o seguiam, permaneceu a sós com o Pai em oração:

> Num daqueles dias, Jesus saiu para o monte a fim de orar, e passou a noite orando a Deus. Ao amanhecer, chamou seus discípulos e escolheu doze deles, a quem também designou apóstolos: Simão, a

quem deu o nome de Pedro; seu irmão André; Tiago; João; Filipe; Bartolomeu; Mateus; Tomé; Tiago, filho de Alfeu; Simão, chamado zelote; Judas, filho de Tiago; e Judas Iscariotes, que veio a ser o traidor – Lucas 6.12-16

Até mesmo a escolha de Judas, seu traidor, foi regada à oração. Na verdade, a escolha de Judas foi especialmente regada à oração, porque Jesus sabia com antecedência que sua escolha resultaria na destruição horrível e no tormento eterno de uma pessoa. Uma decisão tão pesada exigiu uma madrugada inteira de oração a sós com Deus.

Seu "Abba", Pai, o ama muito, está profundamente interessado em cada situação de sua vida e deseja ser incluído em todos os seus processos de tomada de decisão:

> Eu o instruirei e o ensinarei no caminho que você deve seguir; eu o aconselharei e cuidarei de você. Não sejam como o cavalo ou o burro, que não têm entendimento mas precisam ser controlados com freios e rédeas, caso contrário não obedecem. – Salmos 32.8-9

A frase-chave desses versículos é: "Caso contrário não obedecem". O cavalo e o burro, como diz a Escritura, precisam ser controlados com freios e rédeas para obedecerem. Eles não obedecem por conta própria.

O Senhor está dizendo: "Não quero instruí-lo à distância. Não quero colocar um freio em sua boca e manipulá-lo para obter sua atenção e colocá-lo no rumo certo. Eu desejo que você se sinta atraído a mim – fique perto do meu coração – e permita que eu dirija sua vida a partir de um lugar de intimidade e comunhão".

Observe que Deus diz que o cavalo e o burro "não têm entendimento" e esse é o motivo pelo qual não obedecem. Eles não entendem que a proximidade com o Mestre trará grande benefício. Um burro sempre deseja sair em disparada e seguir seu próprio caminho, mas fazendo isso se torna totalmente inútil e não lucrativo.

Algumas pessoas são teimosas. Elas simplesmente não entendem. Elas se afastam (em independência ignorante) de sua própria fonte de vida, cuidado e alimento. Em suas cabeças duras ainda não entrou a verdade de que o melhor lugar para se estar do Universo – e permanecer – é bem perto de Deus.

Salmos 14.2 diz claramente que a evidência do entendimento é alguém buscar a Deus. A coisa mais sábia que você pode fazer nesta vida é se achegar a Deus e buscá-lo de todo o seu coração. Quando você busca essa intimidade, começa a liberar os maiores segredos da vida. É nesse ponto que Deus guia você com os olhos dele e direciona seu coração com o coração dele.

Às vezes, tendemos a tomar decisões na vida com base em nossa avaliação das circunstâncias e condições presentes ao nosso redor. Entretanto, o Senhor não deseja que tomemos nossa direção olhando para fora, mas sim olhando para o alto.

Ele deseja que recebamos direção para a vida contemplando sua beleza, apreciando sua majestade e esplendor e sendo guiados por seu olhar. Tudo isso pode ser comunicado por meio de expressões e foco no olhar! Contemple a boca de Deus até que Ele fale com você. Olhe para os olhos de Deus até que o olhar dele mostre o caminho que você deve trilhar.

Aqueles que tomam decisões com base em dados externos tornam-se termômetros da sociedade: suas vidas refletem as forças naturais que moldam seu destino. Mas aqueles que tomam suas decisões com base no que veem em Deus tornam-se termostatos da sociedade: eles influenciam seu mundo através da força de trazer iniciativas divinamente recebidas para impactar este plano terreno.

Intimidade precede *insight*. Paixão precede propósito. Primeiro vem o lugar secreto, depois, a diretriz divina. Deus não quer simplesmente conduzi-lo pelo caminho certo, mas deseja apreciá-lo durante a jornada. Ele não deseja que você descubra a vontade dele e, em seguida, saia correndo deixando-o para trás.

O principal desejo de Deus para a sua vida não é que você descubra sua vontade e a trilhe; Ele deseja principalmente que você se aproxime dele e passe a conhecê-lo. Deus deseja ser conhecido! E, em seguida, Ele deseja que a partir desse relacionamento de conhecimento passe a existir uma nova caminhada juntos de acordo com seus propósitos.

A busca de um relacionamento de conhecimento com Deus no lugar secreto não é somente a mais inteligente coisa a ser feita; também é uma das maiores chaves para descobrir seu destino mais alto em Deus. Portanto, pare exatamente aqui. Você não precisa ler o próximo capítulo neste exato momento. Guarde o livro e encontre agora um lugar silencioso para ter comunhão com seu Amigo. E deleite-se na presença dele!

Capítulo 9

O SEGREDO DE NÃO TER UM PLANO B

Um dos maiores segredos de intimidade com Deus é se aproximar dele como sua única fonte de ajuda e esperança: "Senhor, nesta situação eu não tenho nenhum plano B – não há outra saída se o Senhor não vier em meu socorro. Você é o único que pode me ajudar!". Deus ama quando você olha somente para Ele em busca de livramento. E o inverso também é verdade: Ele sente ciúme quando você envolve outros salvadores.

Em Isaías 44.14-20, o Senhor zombou da idolatria dos filhos de Israel mencionando a vã esperança que um pedaço de madeira oferecia:

> Ele derruba cedros, talvez apanhe um cipreste, ou ainda um carvalho. Ele o deixou crescer entre as árvores da floresta, ou plantou um pinheiro, e a chuva o fez crescer. É combustível usado para queimar; um pouco disso ele apanha e se aquece, acende um fogo e assa um pão. Mas também modela um deus e o adora; faz uma imagem e se encurva diante dela. Metade da madeira ele queima no fogo; sobre ela ele prepara sua refeição, assa a carne e come sua porção. Ele também se aquece e diz: Ah! Estou aquecido; estou vendo o fogo.

Do restante ele faz um deus, seu ídolo; inclina-se diante dele e o adora. Ora a ele e diz: Salva-me; tu és o meu deus. Eles nada sabem, nada entendem; seus olhos estão tapados, não conseguem ver, e suas mentes estão fechadas, não conseguem entender. Ninguém pára para pensar, ninguém tem o conhecimento ou o entendimento para dizer: Metade dela usei como combustível; até mesmo assei pão sobre suas brasas, assei carne e comi. Faria eu algo repugnante com o que sobrou? Iria eu ajoelhar-me diante de um pedaço de madeira? Ele se alimenta de cinzas, um coração iludido o desvia; ele é incapaz de salvar a si mesmo ou de dizer: Esta coisa na minha mão direita não é uma mentira?

À medida que fui meditando nessa passagem, o Senhor me deu a definição de um falso deus. Essa definição me ajuda, porque embora em nossa cultura ocidentalizada existam pouquíssimas pessoas que realmente adorem figuras de madeira ou pedra, nós temos nossos próprios deuses falsos. Na passagem, o Senhor descreve os idólatras como aqueles que dizem ao pedaço de madeira: "Salva-me: tu és o meu deus" (v. 17). Portanto, um deus é definido pelo seguinte: qualquer coisa a qual atribuímos o poder de nos livrar.

Os ocidentais têm seu próprio conjunto de falsos deuses – as fontes para as quais se voltam em busca de livramento em tempos de crise ou de necessidade:

- Dinheiro
- Plano de saúde
- Tratamento médico/prescrições
- Previdência privada
- Poupança

- Cartões de crédito/empréstimos
- Drogas/álcool
- Prazer/diversão/recreação/esportes
- Sexo
- Amigos (para livrar da solidão)
- Conselheiros
- Cheque especial

Esses outros salvadores disputam nossa fidelidade. Para onde quer que nos voltemos, os deuses de nossa cultura estão promovendo seus poderes. Os comerciais de televisão promovem muitas alternativas para se obter alívio: "Experimente-me! Deixe-me aliviar sua dor. Sou sua resposta. Não precisa procurar mais. Venha até mim e eu o livrarei".

Algo dinâmico acontece em seu espírito quando você olha para algumas dessas fontes de livramento e diz: "Não! Deus, você é o meu único salvador!". Seu espírito não é apenas renovado por causa dessa afeição singular, mas a resposta do Pai no modo como Ele se move em seu coração é inigualável.

Aqueles que adoram a Deus são os que vêm primeiramente a Ele no momento de necessidade. Eles buscam a face de Deus e aguardam nele para receber diretivas para agir. O lugar secreto se torna o limiar onde esperam em Deus, buscando sua intervenção poderosa e clamando por sabedoria e revelação.

Ocasionalmente, o Espírito Santo dirá a você: "Neste caso, desejo que você espere somente em mim e permaneça crendo até eu intervir soberanamente em sua situação". Quando Deus der a você sua palavra, então aperte o cinto de segurança! Você estará na corrida da vida. Você estará adentrando a dimensão de Deus. Aqui encontramos o milagre. Essa é a dimensão onde Deus se levanta em sua ira e vingança e inflige destruição a seus inimigos.

Seu papel é olhar para Ele, amá-lo e crescer em paciência e em fé. O papel dele é liberar o poder de ressurreição no tempo e da maneira dele. Não que todas as crises que você enfrentar entrarão nesta categoria, mas quando entrar... empolgue-se! Você está pegando a autoestrada dos maiores santos da história, a trajetória em que Deus revela o poder de seu braço, o esplendor de sua beleza majestosa e a maravilha de seus propósitos eternos.

Era a essa gloriosa dimensão que Davi se referia:

Descanse somente em Deus, ó minha alma; dele vem a minha esperança. Somente ele é a rocha que me salva; ele é a minha torre alta! Não serei abalado! A minha salvação e a minha honra de Deus dependem; ele é a minha rocha firme, o meu refúgio. Confie nele em todos os momentos, ó povo; derrame diante dele o coração, pois ele é o nosso refúgio. Pausa. – Salmos 62.5-8

À medida que escrevo este capítulo, pessoalmente, tenho grande necessidade da intervenção divina em relação à debilidade física. Tenho sido tentado a considerar outros caminhos de alívio, como alguns dos que listei anteriormente. Mas, em vez disso, tenho falado ao Senhor: "Você é o meu único ajudador. Se você não me salvar, não serei salvo. Se você não me curar, não serei curado. Se você não me livrar, não serei liberto. Não tenho outro recurso, nenhum plano B, nenhum plano alternativo. Não estou incluindo outras opções. É você, somente você. Eu o adoro! Você é meu Deus!".

Essa conduta são os "olhos bons" aos quais Jesus se referiu quando disse: "Os olhos são a candeia do corpo. Se os seus olhos forem bons, todo o seu corpo será cheio de luz" (Mt 6.22). A versão King James diz: "Se seus olhos forem singulares". A palavra grega original foi traduzida como "bom" ou "singular", e significa evitar duplicidade, ter singularidade de foco.

Quando seus olhos estiverem focados somente em Deus como seu salvador e libertador, você se abrirá para a plenitude da luz com a qual Ele visa preencher todo o seu ser.

Davi orou por este foco singular: "Ensina-me o teu caminho, Senhor, para que eu ande na tua verdade; dá-me um coração inteiramente fiel, para que eu tema o teu nome" (Sl 86.11). Ao orar "dá-me um coração inteiramente fiel", Davi estava dizendo: "Senhor, me dê um coração que não seja dividido, que tenha um único foco para que eu possa vê-lo como o único poder soberano a ser temido e adorado".

Segundo minha experiência, descobri que o Senhor nos testará para determinar se nossa realidade é essa. Ele permitirá que uma grande tempestade sobrevenha em nossas vidas com um fim estratégico. Nosso reflexo natural será encontrar uma fonte de alívio imediato. Temos a tendência de explorar primeiro todas as nossas opções.

Então, é possível que essa tempestade venha para levar você a uma dimensão superior de vida no Reino? Oh, espero que você possa aprender o segredo: quando uma tempestade atingi-lo, corra para o lugar secreto, edifique seu espírito e diga a Deus com uma resolução firme: "Você é minha única expectativa".

Nosso Deus se apraz em abençoar aqueles que não têm outros deuses perante Ele.

Capítulo 10

O SEGREDO DE ESTAR ACESO

É o lugar secreto que acende nosso fogo, que nos deixa acesos. Estou falando acerca de ter um zelo fervoroso em buscar a face de Jesus e responsabilidade com o seu Reino. Jesus veio trazer fogo à terra (Lc 12.49), motivo pelo qual pretende nos acender com suas próprias paixões e desejos. Para manter sua intensidade, este fogo deve ser constantemente alimentado por paixões promovidas pela intimidade gerada no lugar secreto.

Você está destinado ao fogo. Você queimará por toda a eternidade – a única pergunta é onde. O desejo de seu coração é ser uma labareda viva, acesa com a alegria de contemplar a beleza de Deus, adorá-lo sem limites e estar inserido neste mundo com um zelo autocontrolado e calculado de quem não ama sua própria vida e não tem medo de morrer. Você tem um motivo para viver porque tem um motivo pelo qual morrer. Você deseja ser um promovedor da santidade, razão pela qual nunca ficará satisfeito com o status quo do cristianismo.

A Palavra de Deus é como fogo (Jr 23.29) e sua presença é totalmente envolta pelo fogo (Ez 1.4,27; Dn 7.9). Quando você se aproxima de Deus, está se aproximando do intenso brilho das labaredas de eras. Para ficar aceso, você precisa ficar perto de Deus. Quando você se sentir frio, distante e espiritualmente "fora", será o momento de se retirar para um cantinho, se colocar diante da lareira da Palavra de Deus e deixar que a intensidade de sua face restaure o seu fervor.

O segredo de permanecer aceso por Jesus não é responder as chamadas do altar (por melhores que sejam); não é o fato de alguém impor as mãos sobre você e orar (por mais válido que isso seja); não é ouvir uma boa gravação de pregação ou o mais recente CD de adoração; a única fonte certa para permanecer aceso é se dedicar de forma consistente ao lugar da porta fechada. Esse é o lugar onde "o espírito de fogo" (Is 4.4) acende sua alma à medida que você contempla a glória dele com uma face descoberta (2Co 3.18).

Você deseja passar a ter uma grande compulsão pelo lugar secreto? Convide Aquele que queima, o Espírito Santo, para acender a eterna chama do ciúme fervoroso dele em sua vida.

As Escrituras dizem: "O Espírito que ele fez habitar em nós tem fortes ciúmes" (Tg 4.5). O objetivo deste ciúme fervoroso é fazer com que a noiva de Cristo possa ter sua paixão exclusiva e fervorosa por seu amado acesa. Você pode fazer a seguinte oração sublime:

> "Espírito Santo, permita que seu ciúme ardente entre em minha vida até todo o sentimento adúltero e falsos deuses serem completamente queimados e até uma imensa paixão consumidora tomar conta de todo o meu ser – para que o meu amor seja totalmente voltado para aquele que é amável, Jesus Cristo!"

O livro do Apocalipse descreve o Espírito Santo da seguinte maneira: "Do trono saíam relâmpagos, vozes e trovões. Diante dele estavam acesas sete lâmpadas de fogo, que são os sete espíritos de Deus" (Ap 4.5). Perguntei para Deus se o mesmo poderia ser dito sobre mim, se eu poderia ser descrito "como aceso diante do trono"!

Como um homem que deseja estar aceso para Deus, olhe para Provérbios 6.27-28 de uma forma diferente da abordagem típica. A princípio, esses versículos estão descrevendo os efeitos prejudiciais do adultério, sua outra aplicação é efetivamente descritiva do lugar secreto com Deus:

> Pode alguém colocar fogo no peito sem queimar a roupa? Pode alguém andar sobre brasas sem queimar os pés? – Provérbios 6.27-28

Quando se aproxima do fogo da Palavra de Deus, você está colocando, efetivamente, fogo no peito – e as roupas sujas e contaminadas com lepra de sua vida antiga estão sendo queimadas. Assim que você entra na presença fervorosa do lugar secreto de Deus, começa a andar sobre brasas acesas – e seus pés passam a ser cauterizados para você caminhar em santidade, retidão e obediência.

A resposta para a pergunta é: "Não! Coloque o fogo de Deus em seu ser e tudo em sua vida será diferente! É impossível abraçar esse fogo de vida e não ser transformado! Oh, Senhor, eu coloco o seu fogo em meu peito com prazer e temor".

João Batista foi um homem que ficou aceso diante de Deus. Deus levou João para a solidão do deserto para acender um fogo divino dentro dele. Quando finalmente foi liberado para o ministério, ele já era uma labareda viva. Observe que nos versículos a seguir Jesus pergunta três vezes "O que vocês foram ver?":

> Enquanto saíam os discípulos de João, Jesus começou a falar à multidão a respeito de João: O que vocês foram ver no deserto? Um caniço agitado pelo vento? Ou, o que foram ver? Um homem vestido

de roupas finas? Ora, os que usam roupas finas estão nos palácios reais. Afinal, o que foram ver? Um profeta? Sim, eu lhes digo, e mais que profeta. – Mateus 11.7-9

Jesus testificou que as pessoas não foram até João basicamente para ouvir algo, mas para ver algo. Jesus descreveu João como "uma candeia que queimava e irradiava luz" (Jo 5.35). João era um homem divinamente incendiado, um homem que incubou seu amor por Deus por meio de um compromisso constante de estar sozinho no lugar secreto. Assim, se tornou uma candeia que irradiava luz para a nação inteira contemplar, e as pessoas vinham de todos os lugares para ver este fogo.

As pessoas são sempre atraídas por um grande incêndio. Este é nosso Deus: "Ele faz... dos seus servos, clarões reluzentes" (Hb 1.7). Se você permitir, Ele também o tornará um clarão reluzente.

Capítulo 11

O SEGREDO DE TOMAR À FORÇA

O termo "violência espiritual" captura a intensidade com a qual a geração dos últimos dias buscará a Deus. As pessoas buscarão a Deus com toda a força de seu ser, negando a si mesmas e livrando-se de todos os pecados embaraçantes para correr a corrida com paixão, pureza e perseverança. "Desde os dias de João Batista até agora, o Reino dos céus é tomado à força, e os que usam de força se apoderam dele" (Mt 11.12).

Este é o momento de buscar a Deus com entrega agressiva! Os sinais dos tempos estão claros; a volta de Cristo é iminente, sentimos uma urgência por parte do Espírito Santo; é hora de despertar de nosso sono e buscar o Reino de Deus como nunca foi feito antes.

A fé genuína busca a Deus ardentemente. "Sem fé é impossível agradar a Deus, pois quem dele se aproxima precisa crer que ele existe e que recompensa aqueles que o buscam" (Hb 11.6). A verdadeira fé entende não somente que Deus existe, mas que nos recompensa de acordo com a intensidade de nossa busca por Ele. Aqueles que buscam a Deus revelam sua fé de acordo como correm. Homens e mulheres de fé não podem se distrair ou se desviar de seu objetivo, porque acreditam firmemente que Deus irá recompensar sua busca. E eles estão certos!

A violência espiritual começa no lugar secreto. Começa com a forma como você se aplica à disciplina de oração – adoração, contemplação, jejum, leitura, estudo, meditação, audição, absorção da verdade. Este é o ponto onde a tomada à força começa. Eu digo "absorção da verdade" em vez de "memorização" porque é possível memorizar a Escritura sem que ela penetre em seu espírito, mude seu estilo de vida e se torne parte integrante de seu diálogo com Deus e com o homem.

Uma das coisas mais violentas que você pode fazer é combater todos os elementos concorrentes de seu calendário e talhar, consistentemente, o tempo de se fechar no lugar secreto. Nos períodos em que você estiver muito atarefado, poderá parecer que mil outras vozes clamam por sua atenção. Qual voz estará no comando, a voz de tarefas incompletas ou a voz gentil que chama você para o lugar secreto? Golpeie sua espada contra os tentáculos invasores que procuram suprimir sua vida secreta com Deus. Fique sozinho na presença de Deus, ó homem de violência! Beije o Filho, ó mulher de violência!

Também será necessário esforço para fornecer ao seu corpo descanso suficiente, de forma que, ao entrar no lugar secreto, você não fique constantemente caindo no sono. Todos, um dia ou outro, acabam dormindo quando estão sozinhos na presença de Deus; faz parte da nossa natureza humana e Deus compreende isso. Entretanto o homem de violência e sabedoria executará quaisquer medidas que sejam necessárias para ficar em alerta e comprometido regularmente com a parte mais prazerosa do dia.

É fácil confundir o zelo natural com violência espiritual. Algumas pessoas demonstram um zelo incrível por Deus – na forma como adoram, compartilham sua fé ou participam de estudos bíblicos. Mas se for um zelo natural, é um zelo que dura somente enquanto os outros estiverem observando. Quando estas pessoas estão sozinhas com Deus, o zelo desaparece e o nível de intensidade da atividade repentinamente é reduzido. O zelo natural deve ser trocado pelo verdadeiro fervor espiritual – um zelo que é energizado por um fogo santo interno que queima mesmo quando ninguém está olhando.

Deus nos deu uma disciplina que é um dom extraordinário, uma ferramenta poderosa designada providencialmente por Ele para intensificar o esforço de nossa busca. Estou falando do jejum. O jejum, quando combinado com oração, é uma das formas mais diretas e eficientes de acelerar o ritmo de sua corrida, especialmente se você estiver se sentindo um pouco letárgico em seu espírito.

Oh, que dom incrível é esta coisa de jejum! Esse, provavelmente, é um dos dons da graça mais subestimado, subempregado e mal compreendido. Não há mérito espiritual no jejum; não se ganha pontos extras com Deus. Mas isso renova seu espírito, sensibiliza sua audição e acelera o ritmo do fluxo divino através de sua vida. Para aqueles que estão comprometidos em explorar a violência espiritual, o jejum e um verdadeiro amigo.

Salomão escreveu: "Se procurar a sabedoria como se procura a prata e buscá-la como quem busca um tesouro escondido... Ele reserva a sensatez para o justo" (Pv 2.4,7). A imaginação retrata a sabedoria divina como o tesouro oculto enterrado em uma montanha. E para obter esse tesouro você deverá minerá-lo arduamente. Além disso, as Escrituras dizem: "Dá sabedoria aos sábios" (Dn 2.21). Não é o tolo que recebe sabedoria, mas sim o sábio. O sábio recebe mais sabedoria em sua vida porque é inteligente o suficiente para buscar a Deus com fervor.

Jesus não responde a todos os fiéis da mesma maneira. Ele responde de forma diferente àqueles que o buscam mais diligentemente. Vemos isso segundo a maneira como tratou os doze. Pedro, Tiago e João foram convidados para alguns dos momentos mais íntimos e maravilhosos de Jesus, enquanto os outros discípulos não foram incluídos. A diferença, eu creio, reside no fato de que os outros tinham algo retido em seus corações em relação ao Senhor, enquanto Pedro, Tiago e João buscavam mais a Jesus. Alguns discípulos duvidavam de Jesus, mesmo após sua ressurreição (Mt 28.17), e essa reserva no espírito roubava deles os maiores níveis de intimidade. Aqueles que tinham mais, recebiam mais.

Estou escrevendo essas coisas, prezado amigo, para inspirá-lo a buscar ao Senhor. Corra atrás dele! Busque-o de todo o seu coração. À medida que você buscá-lo com mais intensidade, Ele se aproximará de você como nunca antes.

Jesus não favoreceu Pedro, Tiago e João por causa de suas personalidades ou pela combinação de seus dons; Ele os favoreceu porque o favoreciam. "Pois os olhos do SENHOR estão atentos sobre toda a terra para fortalecer aqueles que lhe dedicam totalmente o coração. Nisso você cometeu uma loucura. De agora em diante terá que enfrentar guerras" (2Cr 16.9).

O Senhor não faz acepção de pessoas. Ele recompensa todos os que o buscam com fervor – esse é o motivo pelo qual alguns não conseguem ter tanta intimidade com Deus. Ao observar o zelo moderado com que alguns o buscam, se desse a eles o poder e a glória que pedem, estaria ultrajando todos aqueles que o têm buscado com muito mais intensidade.

1Coríntios 9.24 revela que corremos nossa corrida na presença de outros santos: "Vocês não sabem que de todos os que correm no estádio, apenas um ganha o prêmio? Corram de tal modo que alcancem o prêmio". Deus honra a nossa corrida comparando-a com a forma como os outros correram em toda a história da igreja (este é o princípio de 2Coríntios 8.8).

Gente, estamos participando de uma competição séria! Eu não quero dizer que precisamos comparar nossas realizações com as de outra pessoa de um modo carnal, mas nos permitirmos ser inspirados pela rapidez de outros corredores para buscarmos mais a Deus.

Fico inspirado quando leio histórias dos grandes corredores cristãos. Fico tremendamente impactado em meu espírito quando leio o relato de como Francisco de Assis buscava a Deus aos vinte e poucos anos. Um de seus companheiros revelou que Francisco se levantava da cama quando pensava que todos estavam dormindo. Ele se ajoelhava no chão durante a melhor parte da noite e ficava orando uma única sentença: "Meu Deus e meu tudo". Só então ele dormia um pouco e acordava junto com os outros. Um ritmo verdadeiramente intenso!

Certa vez eu li sobre um prisioneiro chinês que fez un jejum de alimentos e água durante 76 dias, orando pela salvação de seus colegas prisioneiros que abusavam dele o tempo todo. Ao final dos 76 dias, ele se levantou com uma força e autoridade sobrenaturais, pregou para seus colegas de cela e todos os quinze se converteram na hora. Uau!

Eu ouvi também sobre alguns crentes chineses que estavam juntos em um jejum de 21 dias, porque não viam ninguém ressuscitar há três semanas e achavam que havia alguma coisa errada.

E os relatos são muitos. Amo ser inspirado pelo ritmo dos outros!

Assim que você ler o relato a seguir, que é uma página do diário de John Wesley, verá um homem que não deixou que nada impedisse sua busca do alto chamado de Deus:

Domingo de manhã, 5 de maio. Preguei na igreja St. Ann. Pediram-me para nunca mais voltar.

Domingo à tarde, 5 de maio. Preguei na igreja St. John. O diácono me disse: "Saia e não volte".

Domingo de manhã, 12 de maio. Preguei na igreja St. Jude. Também não posso mais voltar lá.

Domingo à tarde, 12 de maio. Preguei na igreja de St. George. Fui chutado novamente.

Domingo de manhã, 19 de maio. Preguei em outra igreja St. alguma coisa. Os diáconos fizeram uma reunião especial e disseram que eu não posso mais voltar lá.

Domingo à tarde, 19 de maio. Preguei na rua. Tiraram-me da rua.

Domingo de manhã, 26 de maio. Preguei em meio à campina, me expulsaram como se eu fosse um búfalo solto durante o culto.

Domingo de manhã, 2 de junho. Preguei no limite da cidade, à beira da estrada, e me expulsaram.

Domingo à tarde, 2 de junho, culto da tarde. Preguei em um pasto, e 10.000 pessoas vieram me ouvir.

Vá após Deus! Ninguém mais poderá atrapalhar sua corrida. Não importa o quanto as outras pessoas não reconheçam o seu ministério, busque a Deus! O coro de santos corredores do céu está torcendo por você. "Terminamos a trajetória pela graça de Deus", eles estão gritando. "Você também pode!"

Portanto, também nós, uma vez que estamos rodeados por tão grande nuvem de testemunhas, livremo-nos de tudo o que nos atrapalha e do pecado que nos envolve, e corramos com perseverança a corrida que nos é proposta. – Hebreus 12.1

Capítulo 12

O SEGREDO DA HUMILDADE

Nossa busca violenta de Deus deve ser regada com um espírito gentil e humilde. A humildade é a base de toda a oração. O humilde diz: "Senhor, fico vazio sem sua plenitude; fico aos pedaços sem sua inteireza; fico fraco sem sua força; fico sem direção sem sua sabedoria. Sem você, não sou nada. Preciso de você! Preciso tão desesperadamente que estou me derramando diante de você aqui no lugar secreto".

A falta de oração é o primeiro sinal da independência proveniente do orgulho. Começamos a reduzir nosso tempo secreto com Deus quando estamos nos sentindo ótimos acerca de nós mesmos, cheios de energia, otimistas em relação ao futuro e confiantes quanto ao caminho que estamos trilhando. Esse é o primeiro sinal de que estamos ficando cheios de confiança de nós mesmos.

Esta manhã, mesmo antes de saber que estaria escrevendo este capítulo, eu estava apreciando as palavras de Agur, que escreveu: "Sou o mais tolo dos homens; não tenho o entendimento de um ser humano. Não aprendi sabedoria, nem tenho conhecimento do Santo" (Pv 30.2-3). A sabedoria de Agur estava em ter uma autoavaliação adequada acerca de sua própria tolice. Quem dera que todos nós tivéssemos essa mesma consciência! Isso faria com que nos ajoelhássemos e nos voltássemos para a fonte de toda a sabedoria, para o "o único Deus que detém toda a sabedoria". Se Ele detém toda a sabedoria, onde isso nos coloca?

Quando você enxerga a grandeza de Deus e a sua bancarrota, é gerada uma grande alegria pelo fato de se humilhar perante o Senhor. Com que deleite os anciões lançam suas coroas aos pés do trono! Eles pegam o que representa a compilação agregada de todas as suas conquistas e lançam aos pés dele, de quem tudo primeiramente procedeu. Ele nos deu e, portanto, podemos devolver. Nada disso foi ideia nossa; tudo começou e termina com Ele. Ele é tudo. À medida que nos unimos a Deus, a pobreza de nossa identidade pessoal é perdida na plenitude de sua grandeza eterna.

Davi escreveu: "Meu coração está firme, ó Deus! Cantarei e louvarei, ó Glória minha!" (Sl 108.1). Sabemos que esse versículo se refere ao lugar secreto, porque o termo "meu coração está firme" sempre era usado para falar a respeito de seu compromisso pessoal de ficar a sós com Deus. Davi entregou seu coração a Deus, por isso disse: "ó Glória minha".

Mas qual era a glória de Davi? Era a soma total de todas as suas realizações. Davi tinha a glória de um rei – riqueza, honra, prestígio, dignidade, esplendor e poder. Ele também tinha a glória de ser um salmista e um profeta. Ele pegou tudo o que Deus lhe deu e o tornou, e apresentou ao Senhor por meio de canções e louvores.

Quanto maior o seu prestígio, maior o prazer de entregar tudo perante a majestade de Deus. Que privilégio derramar as realizações de nossa vida aos pés dele com profunda consciência de sua grandeza inigualável! Quanto maior eu for, maior alegria terei em levar essa grandeza e prostrá-la a seus pés. "As nações andarão em sua luz, e os reis da terra lhe trarão a sua glória" (Ap 21.24).

Ele nos dignifica ao permitir que tenhamos algo para trazer à sua presença com humildade e devoção. Deus nos dignifica – com afiliação, glória, aceitação, realeza, propósito, significância, riqueza, honra, salvação, sabedoria, revelação, entendimento, status, caráter, santidade, vitória – e dessa forma podemos apreciar o mais alto privilégio de lançar tudo aos seus pés.

Que privilégio santo nós temos! Podemos vir à sala do trono de sua presença e nos esvaziarmos de toda a dignidade, nos prostrando perante Ele, adorando-o com todo o nosso ser.

O servo de Deus que nada tem não encontra maior alegria do que buscar cada vez mais maneiras de se humilhar na presença do Todo-poderoso: "E me rebaixarei ainda mais, e me humilharei aos meus próprios olhos. Mas serei honrado por essas escravas que você mencionou" (2Sm 6.22).

Lance-se aos pés dele hoje, Ele é digno do mais alto louvor!

Capítulo 13

O SEGREDO DA INTERCESSÃO

A intercessão, que é um elemento da nossa vida de oração pessoal, é o que estou escolhendo para definir como "oração em favor das necessidades alheias em vez das minhas". Intercessão é um ministério sacerdotal de um mediador, de alguém que fica entre o céu e uma necessidade terrena e clama ao Pai por ajuda.

O escritor de Hebreus pediu aos santos para intercederem em seu favor: "Orem por nós. Estamos certos de que temos consciência limpa, e desejamos viver de maneira honrosa em tudo. Particularmente, recomendo-lhes que orem para que eu lhes seja restituído em breve" (Hb 13.18-19). Esta passagem nos revela um segredo poderoso de oração: a oração acelera os propósitos de Deus na terra. O autor percebeu que seria restituído a eles, mas isso aconteceria mais rapidamente se orassem.

Nós realmente podemos comprar o tempo com nossas orações – "aproveitando ao máximo cada oportunidade, porque os dias são maus" (Ef 5.16). Quando o mal está nos ameaçando podemos adiar sua vinda com nossa oração. Quando o bem está demorado, podemos acelerar sua vinda com nossas orações.

Há muitas coisas que Deus planejou para este mundo e muito provavelmente elas acontecerão. A única pergunta é: elas ocorrerão em nós e através de nós? Nós participaremos? Se não orarmos, os planos de Deus acontecerão, mas não tão rapidamente. Eles serão adiados.

Veja aqui o infinito poder de Deus para acelerar as coisas na terra e levar os eventos do mundo ao seu auge. Ele pode concluir com êxito sempre que desejar, mas está procurando uma geração que se recuse a ser desviada – uma geração que seja tão desesperada para ser incluída que se entregue à oração incessante e violenta.

Uma das formas mais profundas de você amar uma pessoa é orando por ela. A intercessão faz algo muito poderoso no intercessor: une o coração dele ao coração de quem está sendo alvo da oração intercessória. Na intercessão, você está investindo na vida de outra pessoa. Esse é mais um dos segredos do lugar secreto. Portanto, nossas orações intercessórias tornam-se "cordas de afeição" que ligam os corações dos cristãos uns aos outros, aproximando o corpo de Cristo por meio de uma das maiores virtudes: o amor.

Não era suficiente para Paulo estar convencido de seu amor para com os outros santos. Ele desejava que tivessem consciência de seu amor: – "mas para que soubessem como é profundo o meu amor por vocês" (2Co 2.4), "que diante de Deus vocês pudessem ver por si próprios como são dedicados a nós" (2Co 7.12).

Portanto, ao sentir amor suficiente por uma pessoa para interceder por ela, por que não encontrar uma maneira de assegurar-lhe sobre a sua intercessão? Quando a pessoa souber que você tem orado por ela, acabará sentindo e tomando consciência de seu amor.

O corpo de Cristo não funciona adequadamente sem os membros orarem mutuamente uns pelos outros. A oração é o sistema de imunidade do corpo de Cristo. Através da oração, combatemos as forças invasoras que buscam adoecer e afligir o corpo de Cristo.

A falta de oração no corpo de Cristo é parecida com a lepra. Aprendi algumas coisas sobre esta doença com Paul Brand, um cirurgião de leprosos. Ele explicou que quando uma pessoa está com essa doença seus nervos param de funcionar adequadamente e deixam de enviar sinais de dor para o cérebro. Nesse estágio, os leprosos começam a perder os dedos das mãos e dos pés em acidentes, porque não sentem dor quando se machucam.

Fazendo uma analogia espiritual, quando a igreja não sente dor por causa dos membros do corpo que estão sofrendo, há indícios da presença de "lepra espiritual". Os nervos da igreja estão mortos. O que acontece em seguida é que a igreja começa a perder seus membros.

Os sinais de dor que o corpo envia ajudam o membro ferido. A dor é absolutamente necessária para o corpo poder se restaurar e se curar. Portanto, ela é um dom. É crucial que sintamos a dor dos membros que estão sofrendo no corpo, pois assim podemos repará-los e curá-los, se for necessário. A intercessão é uma resposta à dor. Choramos porque estamos sentindo dor. Os choros de intercessão são os choros veementes de cristãos suplicando a Deus em favor de outros.

Conforme penso sobre essas coisas, me lembro de amigos que enfrentam doenças crônicas e problemas de saúde incuráveis. Os cristãos com dificuldades desesperadoras de saúde enviam uma mensagem urgente para o corpo de Cristo: "A igreja está doente. Não temos o poder para curar este membro. Perigo! Alerta! Precisamos nos reunir, reagir e fazer tudo o que for possível para este membro ser curado". Entretanto, a resposta da igreja a este tipo de tragédia, geralmente, é de distanciamento e insensibilidade. Nós realmente não sentimos a dor de um membro doente. Somos portadores de lepra espiritual.

Fico imaginando o tipo de graça que será liberado na igreja quando começarmos a nos identificar com os membros do corpo que estão sofrendo como se nós mesmos estivéssemos vivenciando o problema deles. Um dos mistérios fantásticos da oração é como Deus une a casa internacional de afeição (a igreja) através do apoio fervoroso de outra igreja em oração. A oração é um dom de Deus que capacita o corpo a se edificar em amor.

Nosso padrão de oração indica que estamos sentindo dor? Que o Senhor possa colocar um alarme santo dentro de nossos espíritos em relação à falta de poder da igreja. Que Ele nos leve a ajoelhar em uma busca apaixonada pela autoridade de superação, pela qual Jesus morreu para nos dar!

Capítulo 14

O SEGREDO DA VIGILÂNCIA

Jesus associou a oração com a observação vigilante. Duas vezes Ele falou para seus discípulos: "Vigiem e orem" (Mc 13.33; 14.48). Portanto, há algo sobre a oração que diz respeito a olhos abertos, atentos e alertas. No lugar secreto, não nos escondemos dos eventos atuais como uma avestruz enterrando sua cabeça na areia; em vez disso, trazemos nossa consciência dos eventos atuais à luz da busca das Escrituras e do Espírito de Deus.

A exortação de Jesus para vigiar está especialmente associada a seu retorno à terra:

> Quanto ao dia e à hora ninguém sabe, nem os anjos no céu, nem o Filho, senão somente o Pai. Fiquem atentos! Vigiem! Vocês não sabem quando virá esse tempo. É como um homem que sai de viagem. Ele deixa sua casa, encarrega de tarefas cada um dos seus servos e ordena ao porteiro que vigie. Portanto, vigiem, porque vocês não sabem quando o dono da casa voltará: se à tarde, à meia-noite, ao cantar do galo ou ao amanhecer. Se ele vier de repente, que não os

encontre dormindo! O que lhes digo, digo a todos: Vigiem! – Marcos 13.32-37

Sem dúvida, esta é uma das mais fascinantes e urgentes exortações de Jesus. Ele não poderia ter deixado esta mensagem mais clara. Ele estava conclamando os cristãos para que em todo o tempo ficassem em alerta constante, vigilantes e atentos. E o foco de nosso alerta é sermos encontrados vigilantes quando nosso Senhor retornar.

Perguntaram a um pastor quantas pessoas vinham a sua igreja. Ele respondeu: "Oh, 800 são os que dormem". Infelizmente, uma quantidade muito grande de crentes está adormecida neste momento tão importante da história humana.

O Senhor nunca colocou em nós o fardo de investigar o futuro, embora nos chame para ficarmos alertas em relação à hora em que vivemos e para percebermos os sinais dos nossos tempos. Ele espera que nós tenhamos entendimento e consciência sobre o hoje.

Conheço somente um único caminho para colocar em prática este mandato urgente: através da aplicação atenta ao lugar secreto. É no lugar secreto que:

- Aguçamos nossos sentidos espirituais para os avisos de Deus.

- Interpretamos os eventos atuais através da lente da Palavra de Deus.

- Anotamos aquelas partes e temas das Escrituras que o Espírito Santo está evidenciando no momento.

- Calibramos constantemente nossas almas e mentes com as palavras retas do Senhor.

- Silenciamos nossos corações tempo suficiente para ouvir.

- Contemplamos com atenção enlevada no trono de Deus.

- Lançamos fora todo o adormecimento espiritual por sermos acesos e renovados em amor.

Uma palavra importante desta hora é "percepção". Jesus deseja que fiquemos alertas e sejamos capazes de perceber os sinais dos tempos. A percepção será cultivada não pela leitura do jornal da manhã, mas pela leitura da Palavra de Deus. Ganhamos percepção somente através do poder do Espírito Santo (Fp 1.9).

Aqueles que permanecem atentos no lugar secreto receberão sabedoria para perceber o mistério da iniquidade e o mistério divino na terra hoje.

Muitas vezes em meu lugar secreto eu coloquei tudo de lado, como minhas leituras e pedidos de oração, e fiz uma pausa apenas para fazer esta pergunta: "Senhor, o que você está fazendo na terra hoje? Quais temas o Senhor está enfatizando exatamente agora? Em meio a quais grupos de pessoas o Senhor está se movendo de uma forma incomum? O que o Senhor deseja que eu enxergue quanto ao dia e a hora em que estou vivendo? Qual é a minha função em suas atuais atividades?".

Depois disso, espero por Ele para obter insight e entendimento. Oh, como meu coração deseja estar completamente alerta e comprometido com as coisas que estão no coração de Deus para este presente momento!

"Eis que venho como ladrão! Feliz aquele que permanece vigilante e conserva consigo as suas vestes, para que não ande nu e não seja vista a sua vergonha" (Ap 16.15). Quando um ladrão faz "uma visita", ele geralmente deixa pequenos sinais de sua presença – o girar de um trinco, o som de passos, o esbarrão em um objeto não visto, etc. De um modo similar, também podem existir sinais sutis da vinda de Cristo que somente a pessoa que estiver alerta perceberá. Aqueles que vigiam, se estiverem atentos, poderão efetivamente perceber os sons da vinda de Cristo. Seria bênção ser encontrado trabalhando ativamente e em alerta nesse momento:

> Estejam prontos para servir, e conservem acesas as suas candeias, como aqueles que esperam seu senhor voltar de um banquete de casamento; para que, quando ele chegar e bater, possam abrir-lhe a porta imediatamente. Felizes os servos cujo senhor os encontrar vigiando, quando voltar. Eu lhes afirmo que ele se vestirá para servir, fará que se reclinem à mesa, e virá servi-los. Mesmo que ele chegue de noite ou de madrugada felizes os servos que o senhor encontrar preparados. Entendam, porém, isto: se o dono da casa soubesse a que hora viria o ladrão, não permitiria que a sua casa fosse arrombada. Estejam também vocês preparados, porque o Filho do homem virá numa hora em que não o esperam. – Lucas 12.35-40

O lugar secreto é o lugar de cumprir estas palavras de Cristo. Não há substituição nem alternativa. É no jardim com o seu Senhor que você cinge à cintura para ação imediata e prepara suas candeias até elas queimarem com paixão ardente.

Não durma. Em vez disso, vigie e ore. Esse é o grande segredo de estar pronto para a volta iminente daquele que ama sua alma.

Parte II

COLOCANDO EM PRÁTICA

A Parte I, consideramos os princípios básicos para se estabelecer no lugar secreto com Deus. Agora, vamos ver algumas dinâmicas práticas – a parte mais importante – que nos ajudarão a maximizar o potencial do lugar secreto.

Capítulo 15

O SEGREDO DA TERAPIA DE RADIAÇÃO

Todos nós nos esforçamos para superar o pecado. A Bíblia descreve esse esforço como "luta contra o pecado" (Hb 12.4). Algumas pessoas se esforçam mais que os outras, em parte porque a história de vida mundana delas fez com que as raízes do pecado se tornassem mais profundamente arraigadas em seu ser. Independentemente da intensidade de nosso próprio esforço pessoal, cada um de nós já desejou ter obtido vitória de uma forma mais completa sobre os padrões pecaminosos.

O percurso até a vitória sobre pecados habituais é multifacetado e inclui arrependimento, renúncia de padrões antigos, orações de concordância, responsabilidade, perdão, negar-se a si mesmo, etc. Entretanto, desejo focar este capítulo em um segredo para superar o pecado que é, às vezes, ignorado ou esquecido. Eu o chamo de "expor-se à radiação da presença e da Palavra de Deus".

O pecado é como um câncer; a presença de Deus é como uma radiação sobre aquele câncer. Quanto mais você ficar na presença de Deus, absorvendo sua Palavra e se deleitando em seu amor, mais poder estará introduzindo em cada fibra de seu ser.

A única forma de sermos transformados é nos aproximando do Senhor. Sua presença é o lugar de transformação. A distância de Deus sempre ocasiona regressão espiritual; a proximidade com Ele sempre traz progressão espiritual. O objetivo da voz de condenação é afastá-lo da presença de Deus – que é, em si, a fonte da nossa vitória. O objetivo da voz de convicção é aproximá-lo da face de Cristo. Para distinguir entre convicção e condenação basta considerar para qual direção a voz o está impelindo – para perto ou para longe do Senhor.

Deus sempre desejou se aproximar do homem, mas sempre que fazia isso, as pessoas morriam. A Lei (Gênesis a Deuteronômio) desdobra a história apaixonante de como um Deus completamente santo, com grande desejo por seu povo, tenta se aproximar dele, somente para se deparar com a frustração recorrente de ter que matar seus integrantes devido a sua total rebelião e transgressão.

O Antigo Testamento tinha uma falha fatal. Ele exigia que o povo se mantivesse à distância, por causa da santidade de Deus. Quem cruzasse o limite, morreria. Tantos estavam morrendo no deserto que, por fim, disseram a Moisés: "Nós morreremos! Estamos perdidos, estamos todos perdidos! Todo aquele que se aproximar do santuário do SENHOR morrerá. Será que todos nós vamos morrer?" (Nm 17.12-13). Deus também estava consciente do problema, pois lhes disse: "Mas eu não irei com vocês, pois vocês são um povo obstinado, e eu poderia destruí-los no caminho" (Êx 33.3).

Segundo Deuteronômio 5.25-27, o povo falou a Moisés que as pessoas morreriam caso se aproximassem de Deus. Por isso, pediram a Moisés para se aproximar de Deus em seu nome. A resposta de Deus foi: "Eles têm razão em tudo o que disseram" (Dt 5.28). Então, Deus concordou e manteve distância.

Entretanto, isso gerou um ciclo vicioso ascendente. As pessoas tinham que manter distância para sobreviver, mas a distância de Deus fazia com que se deteriorassem mais no pecado. Deus, por sua vez, exigia que mantivessem distância. Este era um padrão que Deus tinha que corrigir e a única solução possível foi através da cruz de Cristo. Pelo sangue da cruz, o homem pecador teve acesso imediatamente à presença do Deus santo e pôde se render à glória que transforma.

À medida que nos entregamos a essa glória, vamos sendo transformados à semelhança da glória de Cristo! A parte incrível é que a despeito de nossas fraquezas, falhas e pecados, somos agora capazes de entrar imediatamente na presença daquele que é completamente santo! Que privilégio! Somente um tolo negligenciaria ou evitaria esse lugar de transformação gloriosa e intimidade prazerosa. Deus se permitiu morrer (literalmente) para mudar seu modo de nos trazer à sua presença.

Quando entramos na presença de Deus, estamos nos expondo a forças poderosas eternas. Tudo dentro de nós se transforma quando tocamos a glória radiante que é emitida da face de Deus. "O Senhor Deus é sol e escudo" (Sl 84.11).

O sol fornece calor, luz, energia e raios ultravioletas – radiação. Quando nos colocamos sob o sol de seu semblante, a radiação de sua glória agride as iniquidades cancerosas que nos mantêm impotentes para superá-las completamente. Passar tempo em sua presença talvez seja o procedimento mais eficaz de lidarmos com o problema do pecado crônico que nos incomoda.

Você não sabe que está sendo exposto à radiação quando isso acontece pela primeira vez. As pessoas que ficam queimadas pelo sol só percebem que foram expostas a uma radiação excessiva após o dano ter sido feito. Os efeitos da radiação são sempre retardados. O mesmo se aplica à glória de Deus. Quando passa tempo em sua presença, a princípio você pensa: "Não está acontecendo nada". Entretanto, se você acreditar na verdade e apenas dedicar grandes períodos de tempo em sua presença, seus efeitos, por fim, serão manifestos.

Experimentei isso em primeira mão, e espero em Deus que você ouça e acredite no que estou lhe dizendo. Coisas poderosas acontecem dentro de você quando passa tempo com Deus. Quando você permanece em sua presença durante períodos prolongados, a composição molecular de sua alma é reestruturada. Você começa a pensar de forma diferente e nem mesmo sabe o motivo. Você passa a ter paixões e interesses diferentes e nem mesmo sabe o motivo.

Deus o está transformando por dentro de uma forma impossível de ser analisada cognitivamente. Tudo o que você sabe é que as paixões pecaminosas que comprometiam sua alma já não têm mais o antigo poder sobre você. O segredo é simplesmente o seguinte: passar grandes períodos de tempo na presença de Deus – amando-o e assimilando sua Palavra.

Mais um último pensamento e este capítulo será concluído. Quando Moisés permaneceu por oito dias na montanha com Deus, perto da glória ardente dele, a única explicação razoável ao fato de ele não ter morrido devido à exposição à radiação, é sugerir que o Senhor não derramou toda a intensidade de sua glória em Moisés.

Entretanto, a história sugere que Deus ajudou Moisés a "desenvolver" a capacidade de suportar essa tremenda exposição à glória. O princípio é o seguinte: quanto mais tempo você passar em sua presença, maior será a tolerância a grandes manifestações de radiação e glória.

Podemos dizer que você começa a desenvolver um protetor solar? Aqueles que se expõem a grandes quantidades de radiação da glória de Deus tornam-se candidatos à intensidades cada vez maiores de glória. "De glória em glória."

Isso faz você desejar sair correndo para o lugar secreto, não faz?

Capítulo 16

O SEGREDO DO TEMPO

Um amigo me disse recentemente: "O lugar secreto foi o ponto de maior frustração e ataque em minha caminhada pessoal". Eu sei que ele não está sozinho. Visto que o lugar secreto contém as chaves para a autêntica superação do Reino, o inimigo fará com que os mais fortes ataques sejam direcionados a este importante ponto da vida de um cristão.

Nosso inimigo fará tudo para reduzir a quantidade de tempo que dedicamos ao lugar secreto com Deus. Ele irá importunar, distrair, assediar, incitar, oprimir, seduzir, cansar, mentir, intimidar – custe o que custar. Não se engane, quando você se dedica a conhecer a Deus, parece que o inferno inteiro se levanta contra você.

O potencial integral do lugar secreto com Deus requer um elemento predominantemente importante: tempo. Bastante tempo. Quanto mais tempo exclusivo você dedica a ele, mais significativo o relacionamento se torna. O princípio de 2Coríntios 9.6 se aplica, efetivamente, aqui: "Lembrem-se: aquele que semeia pouco, também colherá pouco, e aquele que semeia com fartura, também colherá fartamente". Quanto mais tempo você semear no lugar secreto, mais liberalidade usufruirá.

Há um limiar a ser cruzado em termos de descobrir a plena alegria do lugar secreto. Até você encontrar o limiar, terá a convicção de que está consistentemente se forçando a entrar no lugar secreto, como se fosse um fardo e não um prazer. Mas quando cruza o limiar, o lugar secreto torna-se um lugar de deleite que você priorizará com satisfação em relação às outras tarefas concorrentes.

Mas como encontramos esse limiar? Ao passarmos bastante tempo no lugar secreto. Nunca considero o tempo investido no lugar secreto como desperdiçado; e ainda que fosse, ficaria feliz em desperdiçá-lo com o meu Senhor! Mesmo quando sentimos que estamos perdendo nosso tempo espiritualmente, cada hora investida é como uma gota d'água enchendo o cálice. Um dia a última gota fará o cálice transbordar e o Senhor nos conduzirá através do limiar para outra dimensão de deleite e intimidade. Mas nunca conquistaremos isso sem investirmos tempo.

Outro amigo me disse que se sentia culpado por não passar tempo suficiente com Deus. Esse é um sentimento comum, porém, muito mal direcionado. Os sentimentos de culpa nunca motivarão ninguém a passar mais tempo com Deus; na verdade, eles desmotivarão você e farão com que se sinta um fracassado. A culpa tem o potencial de extinguir totalmente qualquer chama, ainda que pequena, que possa haver dentro de qualquer pessoa.

A culpa é sempre fundamentada nas mentiras de Satanás. Satanás deseja que acreditemos que Deus está chateado conosco, por não estarmos cumprindo a cota diária de tempo com Ele. Satanás milita contra a verdade da Palavra, a qual declara que a nossa aceitação por parte de Deus procede unicamente de nossa fé em Jesus Cristo.

Deus não fica nem um pouco impressionado com o seu desempenho, ao contrário, fica profundamente impressionado com o desempenho de Jesus Cristo. Quando você deposita uma fé pura em Jesus, o registro de desempenho dele é creditado a você. A fé em Cristo libera o coração do Pai para você. Quando você crê em seu Filho amado, o coração do Pai explode em afirmação, aceitação e deleite – de forma totalmente independente da sua diligência ou da falta dela.

Deus é o seu maior fã. Como seu Pai celeste, está constantemente persuadindo você a avançar em direção às alturas da vitória espiritual. Quando você negligencia o lugar secreto, Ele não fica desapontado *com* você, mas desapontado *por* você. Ele vê as riquezas espirituais disponíveis e seu coração fica partido ao observá-lo desviando-se delas. Ele deseja que compartilhe o melhor do céu e olha com tristeza quando você se priva espiritualmente.

Alguém me disse recentemente: "A maior mentira com a qual Satanás me ataca é: 'Você merece uma folga hoje!'". Algumas mentiras de Satanás são tão estúpidas que chegam a ser, literalmente, ridículas. Como se tempo fora do lugar secreto fosse uma folga! Isso não é uma folga e sim uma perda.

Nesse tempo, você deixou de beber profundamente da fonte do Espírito; deixou de ser lavado, limpo e renovado em sua presença; deixou de ser alimentado pela iluminação da Palavra de Deus; deixou de aproveitar o tempo para acalmar seu coração agitado e ouvir a preciosa voz de Deus; deixou de ter comunhão íntima no jardim secreto. Resumindo: "Você foi roubado".

E, em vez de se sentir culpado, sinta-se enganado! Quando as circunstâncias ou as emoções tiverem êxito em roubá-lo do lugar secreto, não se sinta culpado – fique indignado! Permita que a paixão nasça em seu coração. "Oh, Senhor, eu o amo tanto; estou realmente contrariado com a forma como permiti que os cuidados desta vida me impedissem de estar na sua presença. Isso tem que parar, as coisas têm que mudar. Não posso viver sem o Senhor. Estou voltando! Preciso dedicar mais tempo para ficar na sua presença. Você é minha própria vida, meu ar. Oh, como eu o amo, Senhor!" E, então, exerça a violência espiritual para colocar novamente suas prioridades em ordem.

Em uma observação prática, muitos daqueles que descobriram grande prazer em sua vida secreta com Deus acharam necessário dedicar uma parte específica do dia para se reunir com Ele. Entregar-se disciplinadamente a um período de tempo consistente passou a ser muito importante para encontrarem as dimensões mais altas de prazer e deleite.

Ao olharmos para trás, quando relegamos o lugar secreto à espontaneidade, percebemos que não destinamos muito tempo a ele. Faça o que melhor funcionar para você – porque o importante é dedicar bastante tempo a uma longa e agradável meditação na beleza e no esplendor de Jesus Cristo, nosso Senhor.

Veja outra dica prática: "Vá aumentando gradativamente seu tempo com Deus. Se você estiver dedicando dez minutos por dia atualmente, aumente para quinze ou vinte. Ao adicionar tempo, incrementalmente você estará desenvolvendo sua força espiritual.

Certa vez, estive com um irmão que desejava dedicar-se à oração e ao estudo da Palavra de Deus devido a um problema específico de sua vida. Fiquei surpreso, entretanto. Após ter se entregado ao estudo por alguns minutos, ele teve que parar para fazer qualquer outra coisa. Ele praticamente não desenvolveu nenhuma força espiritual. Até mesmo mera meia hora de estudo e oração era demais para ele. Ele tinha um caso de "Desordem de Déficit de Atenção" espiritual. Entretanto, aquele era o momento para ele amadurecer em Cristo e desenvolver a capacidade de passar mais tempo no lugar secreto.

Pratique isso como um atleta. Nenhum atleta espera correr uma maratona em sua primeira vez, depois de ter permanecido sedentário durante muitos meses. Ele sabe que antes precisará desenvolver resistência. Então, dia após dia vai acrescentando um pouco mais de exercícios até adquirir o nível de resistência desejado. Similarmente, você pode desenvolver sua força espiritual até chegar ao ponto de passar uma grande quantidade de tempo com Deus e ver isso tornar-se um grande deleite do seu coração.

Quando a ideia de correr essa corrida vem à minha mente, penso em Salmos 119.32: "Corro pelo caminho que os teus mandamentos apontam, pois me deste maior entendimento". Um corredor deve desenvolver resistência cardíaca. Na medida em que ele se esforça para correr maiores distâncias ou a uma maior velocidade, a capacidade do coração de bombear sangue, que sustenta a vida, é aumentada. Pedi ao Senhor, então, para aumentar a resistência do meu coração para que eu pudesse correr mais velozmente para buscá-lo.

Ainda não terminamos esse tema. Portanto, continue lendo o próximo capítulo, onde falo sobre um modo específico de planejar mais tempo a sós com Deus.

Capítulo 17

O SEGREDO DOS RETIROS

Nada se iguala ou substitui uma vida secreta diária e consistente com Deus. Entretanto, os retiros de oração podem ser altamente significativos em nossa jornada espiritual para aumentar e complementar nossas disciplinas diárias.

Veja, a seguir, apenas algumas das formas como achei que os retiros de oração me ajudaram:

- Intensificaram e aceleraram minha busca por Deus.
- Revigoraram e renovaram meu espírito cansado.
- Aguçaram minha reação ao recebimento de revelação de Deus.
- Foram momentos em que recebi direção divina para situações específicas.
- Deus honrou essa conduta revelando coisas ocultas.
- Trouxeram esclarecimentos sobre as maneiras de Deus agir e acerca de suas obras.
- Quando me senti "paralisado" espiritualmente, os retiros me ajudaram a cruzar novos limiares com Deus.

Sou um grande defensor de retiros de oração e neste breve capítulo me esforçarei ao máximo para convencê-lo de que os retiros no lugar secreto podem nos impulsionar na graça. Meu objetivo não é somente convencê-lo, mas motivá-lo a encaixá-los em seu calendário.

Um amigo meu, Kelly Jenness, tem o hábito de programar um retiro de oração por ano. Ele geralmente reserva um quarto em um acampamento cristão ou em um hotel e tenta se programar para poder ficar três dias inteiros a sós com Deus. Ele escolhe um final de semana prolongado por algum feriado ou tira a sexta-feira de folga de seu trabalho secular para esticar o final de semana.

Esses retiros tornaram-se tão frutíferos em sua caminhada com Deus que ele tornou-se um praticante devotado. Tenho observado muitos outros cristãos contemplarem a consagração dele, admirarem o resultado, mas nunca os vi convencidos de sua importância a ponto de adotarem a mesma prática. E isso me deixa triste e perplexo.

Os retiros verdadeiramente eficazes incluirão amplamente os quatro elementos apresentados a seguir.

Solidão

Os retiros em grupo têm sua utilidade, mas estou falando de algo totalmente diferente. Fique sozinho. Quanto mais em silêncio, melhor. Fique longe dos afazeres diários. Tranque-se em seu quarto, saindo apenas para dar uma caminhada ao ar livre sozinho. No máximo, dê um telefonema por dia. Encare a solidão decididamente. Você perceberá o quanto a interatividade social anestesiou sua consciência de Deus. A brusca separação de todas as distrações é fundamental para maximizar seu período de retiro.

Nenhuma distração

Isso significa nada de TV, vídeos, rádio, jornais, jogos de computador, revistas, etc. Parte da intensidade do retiro será derivada de sua recusa em se livrar do tédio ao ficar exclusivamente a sós com Deus. Você, por fim, ultrapassará o limiar do tédio, mas inicialmente ele servirá para revelar-lhe seu verdadeiro coração.

Jejum

O jejum tem a dupla vantagem de livrá-lo das distrações de preparar alimentos e consumi-los, e de intensificar sua busca espiritual por meio da graça liberada através da autonegação. Quanto mais austero for o seu jejum, maior será o benefício. Um jejum somente com água é mais intenso do que o jejum somente com suco. Em retiros pessoais, normalmente, faço jejum somente com água, exceto para receber a ceia do Senhor uma vez por dia. Uma boa dica é privar-se de cafeína um pouco antes de o retiro começar, mas, como precaução, leve remédio para dor de cabeça.

Palavra de Deus

Deixe seu retiro ser preenchido com meditações em uma série de passagens bíblicas, mas sem dúvida inclua e enfatize uma grande quantidade de leitura dos Evangelhos. Habitue-se a ler as palavras de Jesus, que em algumas Bíblias vêm destacadas em vermelho. Deixe Jesus ocupar o lugar central do seu coração durante esses momentos preciosos. Não deixe de fazer um registro diário de experiências pessoais, porque o Senhor estará prestes a fazer um *downloand* em seu coração com um resultado que você não experimenta há muito tempo.

Você provavelmente ficará surpreso com a forma como Deus honrará seu compromisso de encaixar um retiro de três dias em sua agenda apertada, especialmente se isso incluir os quatro elementos mencionados acima. Entretanto, para pastores e líderes que gozam do privilégio de trabalhar em tempo integral na obra de Deus, recomendo um passo a mais. Sem dúvida, comece com um retiro de três dias. Mas prepare-se gradualmente para um período maior. Recomendo enfaticamente um retiro de sete dias, e depois um de dez ou doze. E, para alguns, um período ainda maior. Sabe por quê?

Há chances de que o primeiro ou os dois primeiros dias de retiro sejam preenchidos com quantidades de sono acima da média. Tudo bem, você precisa dormir para ficar renovado e limpar as teias de aranha. No final do terceiro dia, é normal surgir a sensação "agora estou acabando de ganhar um pouco de força espiritual". E você estará certo. Descobri que a verdadeira força não começa até o quinto e sexto dias. Portanto, é altamente recomendável que aqueles que podem dedicar grandes períodos a um retiro anual, passem sete ou mais dias a sós com Deus.

Fico triste por ter consciência de que a maioria das pessoas que lerem este livro não acreditará nas minhas palavras o suficiente para praticá-las. Mas estou escrevendo para aqueles que têm ouvidos para ouvir. Se você puder receber isso, estou verdadeiramente indicando um dos maiores segredos do lugar secreto. Sua vida secreta pode ser impulsionada a novos patamares com Deus através do uso estratégico de retiros de oração e jejum, em intervalos planejados, no decorrer de toda a sua vida.

Os retiros de jejum têm produzido diferença em minha vida espiritual. Esse é o motivo pelo qual sou tão apaixonado por eles. Encontrei esses meios de forma inesperada e agora me empenho em "divulgar" sua eficácia para meus irmãos e irmãs.

Você nunca fez isso antes? Tudo bem. Apenas pule nas águas. Você tem um professor incrível, o Espírito Santo, que está ao seu lado. Ele o guiará em toda a verdade. Você não precisa de ninguém para ensiná-lo; o próprio Espírito Santo o ensinará e o guiará no tipo de busca que se ajusta perfeitamente a você. Pegue seu calendário anual e planeje agora um retiro em meio a programação do próximo ano.

Capítulo 18

O SEGREDO DO DIÁRIO

Tenho o firme compromisso de manter um diário espiritual por um motivo que engloba tudo: "A quem tiver, mais lhe será dado; de quem não tiver, até o que tem lhe será tirado" (Mc 4.25).

Não confio em minha mente. Minha memória é como uma peneira. Se não anotar, há 99% de chance de eu esquecer. Então, quando Deus revela algo valioso para mim a partir de sua Palavra, não confio que eu vá me lembrar depois. Eu anoto. Ele foi muito gentil em me iluminar com a sua verdade e agora preciso ser um despenseiro zeloso da confiança que me foi depositada retendo, meditando e considerando como deverá impactar a forma como vivo.

Mantenho um diário por uma simples razão: estou desesperado por mais! E sei que não receberei mais, a menos que eu tenha administrado adequadamente o que já me foi dado. A única forma que encontrei de repassar as coisas que Ele me transmitiu foi escrevendo-as em um diário para poder consultá-las depois.

Portanto, quando sugiro um diário, não estou falando de um diário pessoal nem de fazer anotações do tipo: "Hoje Susan veio me visitar. Tomamos café da manhã juntos e fomos ao shopping". Não. Estou falando de algo bem mais importante e significativo.

Faça do seu diário um local onde você relata detalhadamente as verdades espirituais que estimulam seu espírito, enquanto está no lugar secreto. Quando Deus o alimenta com este maná, registre-o. Então, examine-o mais tarde. Continue repassando essa verdade até tecer um tecido de sua experiência e conduta cristãs.

Vamos analisar o contexto inteiro das palavras de Jesus já mencionadas anteriormente:

> Então ele disse para eles: "Considerem atentamente o que vocês estão ouvindo, continuou ele. Com a medida com que medirem, vocês serão medidos; e ainda mais lhes acrescentarão. A quem tiver, mais lhe será dado; de quem não tiver, até o que tem lhe será tirado". – Marcos 4.24-25

Estava lendo essas palavras de Jesus enquanto observava um jogo de futebol americano na TV: "A quem tiver, mais lhe será dado". Então, apliquei isso à linguagem do futebol: "Quem recebe o que é lançado para ele, terá a bola lançada novamente". Os melhores *receivers* (recebedores) obtêm mais oportunidades. Se um *receiver* (recebedor) continuar deixando a bola cair, o *quarterback* (lançador) irá parar de arremessar para ele. Da mesma maneira, se deixarmos cair o que Deus nos deu, Ele irá parar de nos dar mais.

A frase "com a medida com que medirem" refere-se à maneira como você reage e vive a Palavra que ouve. Se guardarmos a Palavra de Deus em nossos corações com grande zelo, esforçando-nos não apenas para sermos meros ouvintes, mas praticantes, então Ele nos medirá segundo a nossa percepção com o mesmo grau de diligência.

Mas a passagem também contém uma advertência clara. Se formos negligentes com as percepções que Deus nos dá, Ele retirará de nossas vidas até mesmo aquilo que pensávamos ter. Aquele que continua deixando a bola cair não só deixará de receber mais passes, como também será tirado do jogo.

Portanto, manter um diário é fundamental para mim. Estou convencido de que não consigo reter o que Deus me dá, a menos que eu anote. Se eu não fizer um diário fiel e deixar integrar em minha vida as coisas que Deus me dá, Ele retirará de mim até mesmo o que eu já tenho. O diário, então, é um elemento vital para ser fiel a Deus.

Mantenho um diário porque estou consciente de minha responsabilidade perante Deus. "Mas aquele que não a conhece e pratica coisas merecedoras de castigo, receberá poucos açoites. A quem muito foi dado, muito será exigido; e a quem muito foi confiado, muito mais será pedido" (Lc 12.48). Que eu possa ser encontrado fiel em relação às coisas que Deus me entregar!

Além disso, estou consciente de Mateus 13.12: "A quem tem será dado, e este terá em grande quantidade. De quem não tem, até o que tem lhe será tirado". A abundância espiritual não é um garantia para todos os cristãos. Ela é assegurada somente àqueles que são fiéis com o que recebem. Portanto, uma vida abundante em Cristo não é recebida passivamente. Ela é obtida com esforço.

Deixe-me falar um pouco mais sobre o meu diário. Eu o mantenho em meu computador. Isso funciona muito mais para mim do que um diário de papel. Depois de digitar meus registros no diário, geralmente os classifico em pastas de acordo com os tópicos ou temas. Portanto, meus registros do diário tornaram-se uma biblioteca portátil dentro de meu laptop. Eles são uma matriz de recursos sobre muitos tópicos que eu posso reler quando estiver estudando determinsdos assuntos. Talvez você já tenha percebido, mas eu estou me baseando muito em meu diário para escrever este livro, assim como fiz em outras obras minhas que já foram publicadas.

Fiz do voto do salmista minha ambição pessoal: "Tenho prazer nos teus decretos; não me esqueço da tua palavra" (Sl 119.16). Quando Deus me alimenta com a percepção da Palavra, adoto todas as medidas necessárias para reter aquela verdade em meu coração e em minha alma.

E eis mais um de meus segredos: anoto e examino cada anotação de vez em quando.

Capítulo 19

O SEGREDO DA MEDITAÇÃO

Não deixe de falar as palavras deste Livro da Lei e de meditar nelas de dia e de noite, para que você cumpra fielmente tudo o que nele está escrito. Só então os seus caminhos prosperarão e você será bem-sucedido. – Josué 1.8

O que significa meditar na Palavra de Deus? Significa reduzir o ritmo da leitura e contemplar cada palavra e frase, procurando significados mais profundos e completos. É através da meditação que nós liberamos as riquezas ocultas da Bíblia. A Palavra de Deus é como uma montanha com vastos bolsões de joias e veios de ouro. O lugar secreto é o nosso momento de escavar. Descobrimos várias camadas de rico entendimento à medida que nos aprofundamos mais, ponderamos sobre cada palavra e relemos os versículos várias e várias vezes. Sempre pressuponho que cada versículo tem mais significados do que já descobri. A meditação é a arte de escavar, o máximo que podemos, cada e toda palavra.

A palavra escrita de Deus é revelada pela Palavra Viva, através do poder do Espírito Santo. "Pois o SENHOR é quem dá sabedoria; de sua boca procedem o conhecimento e o discernimento" (Pv 2.6). A fonte de iluminação é a boca de Deus. Ele deve falar conosco. Portanto, à medida que meditamos em sua Palavra, entramos em seu Espírito e gritamos de todo o nosso coração: "Senhor, fale comigo!". Percebemos que sem a ajuda dele nunca liberaremos as riquezas de sua magnífica Palavra.

Cada palavra das Escrituras pode sustentar a intensidade de um questionamento cuidadoso. Essa intensidade concentrada pode ser vista em Salmos 77.6: "De noite recordo minhas canções. O meu coração medita, e o meu espírito pergunta". À medida que meditamos na Palavra, nosso espírito está buscando diligentemente novas percepções.

Há um nível de profundidade bem maior nas Escrituras do que aquele que encontramos prontamente à primeira leitura. Algumas verdades nunca serão encontradas até você reservar um tempo para sentar e observar o texto, considerando cuidadosamente seu conteúdo e implicações. As contradições aparentes, às vezes, contêm as maiores verdades. Algumas porções têm muito mais do que apenas uma aplicação. Elas possuem camadas de verdade que são descobertas quase que uma a uma, do mesmo jeito que fazemos ao abrir as camadas de uma cebola.

Uma das melhores maneiras de meditar na Palavra de Deus é fazer perguntas ao texto. Algumas das perguntas frequentemente feitas são: Quem é o escritor e com quem ele está falando? O que o versículo diz e por quê? O que isso significa? O versículo contém um princípio espiritual? Como esta verdade se aplica a minha vida?

Com o tempo, você desenvolverá sua própria maneira de fazer perguntas sobre o texto. Uma das perguntas mais importantes que faço a um versículo é: "Por que o Espírito Santo determinou que isso fosse escrito dessa maneira?". Questiono o motivo pelo qual foi escrito daquele modo, por que determinadas frases foram usadas e por que outras palavras não foram usadas. Quando uma sentença ou frase parece não contribuir para a passagem, eu a contemplo para considerar o motivo pelo qual o Espírito Santo a incluiu. Quando um versículo parece ser propositalmente oblíquo ou misterioso, minha curiosidade é despertada. Quando um versículo parece claramente óbvio, suspeito que possam existir profundidades de verdades ali que eu poderia facilmente deixar de examinar.

A seguir, são apresentadas outras formas de fazer perguntas à medida que você medita.

Contexto

Uma frase ou versículo é quase sempre compreendido melhor examinando cuidadosamente os versículos anteriores e posteriores a ele. Como os versículos anteriores definem um cenário para este versículo? Como os versículos seguintes trazem esclarecimento e uma compreensão mais completa?

Significados da palavra

Algumas palavras nos idiomas originais da Bíblia, o hebraico e o grego, possuem mais de um significado possível. Que várias sombras de significado contêm as palavras importantes deste versículo? Outras traduções da Bíblia fornecem significados alternativos? Os materiais de referência bíblica, como dicionário bíblico e léxico, apresentam uma percepção adicional?

Referências cruzadas

Uma concordância à mão é extremamente útil durante os períodos de meditação, para considerar outros versículos que contêm as mesmas palavras, frases ou conceitos do texto. Algumas Bíblias são "Edições de Referência", fornecendo referências cruzadas exibidas em colunas verticais ou em rodapés. Onde mais essas palavras aparecem na Bíblia e como os outros versículos trazem esclarecimento ao nosso texto?

Repetição

Quais palavras merecem contemplação extra por causa de sua recorrência? Posso descobrir verdades que as Escrituras destacam ao examinar palavras ou conceitos repetidos?

Simbolismo

Quais figuras de linguagem estão sendo usadas? O que elas representam? Alguns dos símbolos presentes no texto estão representando realidades espirituais mais profundas?

Aquele que medita na Palavra de Deus lentamente transformará seu interior de acordo com o que sua alma imagina. Jesus disse: "O homem bom tira coisas boas do bom tesouro que está em seu coração, e o homem mau tira coisas más do mal que está em seu coração, porque a sua boca fala do que está cheio o coração" (Lc 6.45).

Por causa de nosso pecado, temos um depósito de "mau tesouro" dentro de nós. Mas ao meditarmos na Palavra, começamos a depositar "bons tesouros" dentro do nosso ser. A única maneira de internalizar bom tesouro é assimilando-o diligentemente no lugar secreto de meditação. O bem substitui o mau. O depósito de coisas boas que absorvemos será evidenciado por meio de novos padrões de fala e de conduta. Em uma frase, nos tornaremos mais parecidos com Cristo.

Quando tomar gosto em se deleitar com a meditação na Palavra de Deus, você se tornará um "viciado" em meditação.

O lugar secreto se tornará seu lugar favorito; em alguns aspectos, até mais que a congregação dos santos, porque será o lugar onde Jesus o alimentará pessoalmente. Na igreja você recebe percepções que foram primeiramente processadas por meio de outro canal humano. As partes mais doces, entretanto, são aquelas que Jesus dá diretamente ao seu próprio coração.

Quando o Espírito Santo personaliza a Palavra para as circunstâncias de sua vida, o poder de sustentação de sua palavra personalizada tem a capacidade de carregá-lo em meio a grande tribulação. Esta é a verdadeira fonte da vida.

Provérbios 16.26 descreve o processo por meio do qual o Senhor o tornará "viciado" em sua palavra: "O apetite do trabalhador o obriga a trabalhar; a sua fome o impulsiona". O Senhor começa alimentando você com a sua Palavra, que saciará, de forma inigualável, seu apetite. Mas isso também despertará uma incrível fome por mais.

Quando prova o quão doce é o Senhor, você fica "estragado" para a vida. Você tem necessidade de mais! Então, passa a fazer de tudo para receber as palavras da boca de Deus. Sua fome dispara e você sabe que existe somente uma coisa que pode saciá-la. Você é conduzido ao lugar secreto de meditação por sua própria fome. Estar com Jesus no lugar secreto e contemplá-lo na Palavra se torna sua ocupação favorita na vida.

> Finalmente, irmãos, tudo o que for verdadeiro, tudo o que for nobre, tudo o que for correto, tudo o que for puro, tudo o que for amável, tudo o que for de boa fama, se houver algo de excelente ou digno de louvor, pensem nessas coisas. – Filipenses 4.8

Capítulo 20

O SEGREDO DA LEITURA SIMULTÂNEA

A leitura bíblica, feita com um espírito de submissão e oração a Deus, é um importante agente transformador de vida. A Palavra de Deus tem o poder de nos transformar! Apocalipse 1.3 declara uma bênção para "aquele que lê... o que nela está escrito". Tudo o que você tem a fazer para ser abençoado é apenas ler o livro. Aqueles que compreendem essa verdade são, pessoalmente, comprometidos com a leitura diária da Bíblia.

Além disso, temos a garantia de que "toda a Escritura é inspirada por Deus e útil" (2Tm 3.16). Em outras palavras, cada parte da Bíblia é útil para o leitor. Nenhuma parte dela deve ser ignorada ou negligenciada por aqueles que estão ansiosos por serem moldados à imagem de Cristo. Ele é a Palavra Viva e sua glória deve ser encontrada em cada página das Escrituras.

Portanto, cabe a nós fazer questão de ler integralmente a Bíblia. Por muitos anos tenho mantido a prática de ler a Bíblia inteira e estou firmemente comprometido com essa prática por um bom motivo: desejo que cada porção da Palavra inspirada por Deus chegue ao meu coração. Não desejo que nem um único problema permaneça em minha alma porque eu não tive o cuidado de me expor à profundidade plena de sua sabedoria e revelação.

Tenho a expectativa de que Deus me surpreenda com uma percepção do que eu possa ter pensado ser as partes mais improváveis de sua Palavra. Desejo o pacote inteiro, por isso, o leio todo.

Portanto, a leitura bíblica para mim é muito mais que simplesmente o cumprimento de uma cota diária. "Ufa! finalmente terminei a leitura de hoje; agora eu posso prosseguir com a minha vida." Não. Não é assim que me sinto. Passar tempo com a Palavra é um agente transformador e anseio, com zelo, expor meu coração de forma consistente e habitual a cada parte viva e pulsante das Escrituras.

Alguém disse uma vez que o livro mais lido da Bíblia é Gênesis. Isso ocorre porque milhares de pessoas adotam anualmente uma nova resolução de Ano Novo de ler a Bíblia. Elas começam com o livro de Gênesis, e então perdem todo o seu entusiasmo em algum ponto entre Êxodo e Levítico. Entendo o que acontece. Muitas pessoas não compreendem o segredo que estou prestes a compartilhar.

Uma das principais chaves para manter o entusiasmo de sua leitura diária da Bíblia, em minha opinião, é o segredo da leitura simultânea. O que eu quero dizer com isso é que, em vez de ler vários capítulos de um único livro da Bíblia, leia pequenas partes de quatro livros diferentes no mesmo dia. Embora exista muitas maneiras diferente de fazer, deixe-me explicar melhor contando o jeito como leio a Bíblia.

Primeiro, divido minha leitura em quatro seções:

- Gênesis a Malaquias (exceto Salmos a Cântico dos Cânticos)
- Salmos a Cântico dos Cânticos
- Mateus a João
- Atos a Apocalipse

Sempre marco as partes que estou lendo com quatro clipes de papel. O primeiro clipe marca minha leitura do Antigo Testamento. Tenho a expectativa de ler todos os livros do Antigo Testamento em um ano e, então, divido o número total de páginas por 365 dias e proponho quantas precisarei ler por dia. Segundo o formato da minha Bíblia, se eu ler quatro páginas por dia, lerei com facilidade o Antigo Testamento em um ano.

O próximo clipe de papel marca minha leitura dos Salmos (leio cerca de metade de um Salmo por dia). Meu terceiro clipe de papel marca minhas leituras dos Evangelhos – leio em média duas páginas dessa parte por dia. O quarto clipe de papel marca minha leitura das Epístolas. Como espero ler o Novo Testamento todo a cada seis meses, calculei que preciso ler duas páginas das Epístolas por dia. O número de páginas que você lerá em cada seção dependerá de suas próprias metas pessoais de leitura.

Todos os dias leio trechos das quatro seções. Isso me proporciona vários benefícios, além do fato de a variedade me manter interessado e comprometido.

A primeira seção, Gênesis a Malaquias, tem algumas partes incrivelmente agradáveis e outras mais difíceis de ler. Ao intercalar minha leitura do Antigo Testamento com outros trechos da Bíblia, não fico desanimado com as passagens difíceis. E toda vez que leio o Antigo Testamento, descubro algo: a passagem difícil vai ficando um pouco mais fácil, porque vou lentamente passando a compreendê-la cada vez mais a cada leitura. O Senhor tem um jeito misterioso de nos abençoar do modo inesperado exatamente quando pensamos estar na passagem mais entediante que se possa imaginar.

Quando chego à segunda seção, Salmos a Cântico dos Cânticos, meu ritmo de leitura desacelera. Esses livros contêm a linguagem do amor, então a maior parte da minha oração é feita aqui à medida que prossigo de forma lenta e exuberante através das orações e dos louvores dos salmistas. Aqui é onde entrego ao Senhor os sentimentos do meu coração de forma aberta e sem restrições.

E eu amo a terceira seção! É nos Evangelhos que eu contemplo o meu amado, o meu Senhor. Observo como Ele se move, age, fala e pensa. Meu coração chega a doer de desejo para conhecê-lo melhor, para verdadeiramente contemplá-lo através do poder do Espírito Santo. Minha principal motivação de ficar absorto nos Evangelhos deriva das palavras de Jesus: "Se vocês permanecerem em mim, e as minhas palavras permanecerem em vocês, pedirão o que quiserem, e lhes será concedido" (Jo 15.7).

Ao permanecer nele e me dedicar à sua Palavra, estou batendo à porta da oração respondida. As chaves do poder e da autoridade do Reino estão nessa porta em que bato diariamente.

E as Epístolas da seção quatro? Elas são incríveis! Nunca me canso de ler como os autores do Novo Testamento articulam a maravilha, a beleza, o poder, o Reino, a cruz, a graça e o julgamento vindouro do Nosso Senhor Jesus Cristo. Oh, a Bíblia é um livro maravilhoso e amo mergulhar em suas páginas!

É a busca de Cristo em sua Palavra que me faz levantar de manhã. O tempo que passo lendo é minha fonte de vida e sanidade. Este é o lugar onde recebo graça para outro dia. Sim, eu amo minha leitura diária da Bíblia!

Espero que esteja entendendo esse pequeno segredo incrível. Você ficará entusiasmado ao dividir a leitura em três ou quatro seções diferentes para ler trechos de todas as seções simultaneamente todos os dias.

Se você adotar essa abordagem, algo mais começará a acontecer. A verdade encontrada na seção um aparecerá em sua leitura daquele dia na seção três; um tema da seção dois será reforçado na seção quatro. Um versículo de uma seção dará frescor, nova luz e ampliará o significado de um versículo de outra seção. Você notará determinados temas aparecendo em vários lugares das Escrituras. E as percepções começarão a explodir dentro de seu coração à medida que os versículos interagirem um com o outro. Essa é a forma como as Escrituras interpretam as Escrituras. Os aspectos da revelação começarão a expandir seu coração e a despertar paixões. Quando isso começar a acontecer, você estará "viciado"! Ficará louco por isso. Verdadeiramente apaixonado.

Capítulo 21

O SEGREDO DE ORAR AS ESCRITURAS

A Bíblia é um grande livro de oração. Praticamente cada página contém sugestões de oração. À medida que você passar tempo absorvendo a Palavra, sua meditação não só se tornará agradável, como você também abrirá espontaneamente seu coração para Deus em resposta ao texto.

Orar a Palavra de Deus é algo poderoso por vários motivos:

- A Palavra de Deus por si só "é viva e eficaz" (Hb 4.12), portanto, quando oramos com a Palavra de Deus em nossos lábios, sabemos que estamos fazendo orações vivas e eficazes.
- Quando a expressão de nossas orações é moldada pelas Escrituras, ganhamos confiança ao saber que estamos orando de acordo com a vontade de Deus – uma confiança que significa: "E se sabemos que ele nos ouve em tudo o que pedimos, sabemos que temos o que dele pedimos" (1Jo 5.15).
- À medida que oramos a Palavra de Deus, os termos presentes nela se tornam usuais em nosso diálogo diário com Ele. Uma poderosa transformação começa a ocorrer na alma quando a conversa diária

passa a refletir a Palavra de Deus. A língua começa a ser acesa com o fogo do céu em vez de com o fogo do inferno (compare Atos 2.3-4 com Tiago 3.6).

- Somos orientados a orar segundo a vontade de Deus, de maneira que nós próprios não consideraríamos orar. A Palavra nos dará sugestões sobre formas como podemos orar, aumentando profundamente a amplitude e a diversidade de nossa vida de oração.

- Orar as Escrituras acrescenta uma dimensão de criatividade e surpresa a nossa vida de oração, o que, por sua vez, torna a oração muito mais fascinante e agradável.

Se você nunca tiver orado as Escrituras, deixe-me explicar-lhe como isso normalmente é feito. Se você praticar o que estou prestes a lhe ensinar, descobrirá um dos mais maravilhosos segredos para tornar seu relacionamento no lugar secreto com Jesus absolutamente agradável e frutífero.

Antes de tudo, entretanto, precisamos ter uma definição adequada de oração. Orar, no sentido bíblico verdadeiro, é o aspecto pleno das expressões humanas com Deus. Orar é o título que abrange a gama inteira de expressões que oferecemos a Deus. Portanto, a oração inclui louvor, ações de graças, adoração, intercessão, súplicas, gritos de alegria, levantar de mãos, reverência, honra, exaltação, afeição íntima, arrependimento, entrega, dança, lamentação, contemplação, batalha espiritual e profecia. Quando as Escrituras começam a sugerir suas orações, você pode esperar que elas abranjam uma vasta gama de expressões.

Agora vamos nos ater a uma parte das Escrituras e tentar exatamente isso. Sugiro que comecemos com um salmo. Os salmos são feitos sob medida para este tipo de coisa, pois já são uma oração. Vou selecionar para exemplificar o Salmo 84, mas é possível escolher qualquer um dos 150. A seguir, apresento algumas sugestões para orar cada versículo.

Cada versículo possui palavras-chave que podem ser trampolins para a oração. Escolha a palavra-chave ou a frase-chave e aprenda a desenvolver aquela palavra ou pensamento em oração perante o Senhor. Ore os temas para Deus, incluído outras partes das Escrituras que vierem à sua mente e tenham relação com eles. Leve entre um a dez minutos em cada versículo e ore os temas encontrados nele ao Senhor. Experimente. Tente fazer a oração do seu modo usando cada um desses versículos, agora mesmo, para pegar o jeito.

"Como é agradável o lugar da tua habitação, SENHOR dos Exércitos!" (Sl 84.1):

- Fale para o Senhor as coisas agradáveis que você pensa a respeito dele.
- Como a habitação de Deus é o seu coração, agradeça pelas coisas que Ele está fazendo em você.
- A habitação de Deus também é a congregação dos santos; louve ao Senhor pelas coisas agradáveis que Ele está fazendo para seu povo, sua noiva.
- Adore ao Senhor, o general dos exércitos do céu.

Como exemplo, irei "orar" esse versículo nesta página, destacando em itálico as palavras de minha oração que estão relacionadas ao versículo 1:

Ó, Senhor, como você é *agradável!* Onde quer que o Senhor habite é *agradável*, porque você é *agradável!* Você torna tudo ao seu redor *agradável*. Como anseio morar em sua *habitação*, Senhor. Apenas desejo estar com você, apreciando-o e permitindo que o Senhor me torne *agradável*. Prefiro estar com você do que em qualquer outro lugar. O panorama de sua habitação é inteiramente agradável para mim também. Considero os anjos, o serafim, os seres viventes, os vinte e quatro anciões, todos reunidos ao redor do seu trono contemplando-o. Você é inigualável em beleza e esplendor, ó *Senhor dos Exércitos*. Ó poderoso campeão do céu! Ó grande guerreiro de glória. Eu me prostro diante de sua majestade e grandeza. Com grande regozijo me apresento perante você. Obrigado pelo sangue de Jesus que me permite adentrar sua sala do trono! Como sou eternamente abençoado aqui com você. Eu o adoro, ó Deus poderoso!

"A minha alma anela, e até desfalece, pelos átrios do SENHOR*; o meu coração e o meu corpo cantam de alegria ao Deus vivo"* (Sl 84.2):

- Expresse o quanto anseia por Ele e o deseja. Deixe-o ver as emoções de sua alma neste exato momento.
- Perceba que está nos átrios do grande Rei; expresse que você está em posição de sentido diante dele, totalmente disponível.
- Com todo o seu coração e também, literalmente, com seu corpo, cante de alegria ao Deus vivo.

Como mais um exemplo, veja outra oração feita baseada no versículo 2, com as palavras que acionam minha oração destacadas em itálico:

Oh, como *anseio* por você, meu Deus! Cada parte de mim anela por você. *Anelo* por você com minha *alma*, minha mente, minhas emoções, meu espírito, meu *coração*, meu *corpo* e com todo o meu ser! Senhor, eu o desejo mais que qualquer outra coisa dentre toda a criação. Se eu puder apenas tê-lo, Senhor, você será minha grande recompensa. Se você não se revelar a mim, vou *desfalecer* por causa desse *anelo*. Sou tão apaixonado por você que irei *desfalecer* de amor. Eu o desejo intensamente! Desejo seus *átrios*, pois é onde mora. Desejo morar onde você mora, pelo resto da eternidade. Então, aqui estou cantando de alegria para você, meu Senhor. Você ouve meu *cantar*? Contempla meu louvor? Considera o esforço de minha *alma*? Tem misericórdia de mim? Você é o único Deus, o *Deus vivo* e verdadeiro, e somente para você minha alma eleva-se. Quando você virá a mim?

*"Até o pardal achou um lar, e a andorinha um ninho para si, para abrigar os seus filhotes, um lugar perto do teu altar, ó S*ENHOR *dos Exércitos, meu Rei e meu Deus"* (Sl 84.3):

- Diga o quanto você deseja ficar constantemente com Ele – ao ponto de ficar com inveja de um passarinho que pode fazer seu lar no altar do Senhor.
- Diga que seu coração se sente em casa nele.
- Adore-o como seu Rei.

Não vou escrever mais nenhum outro exemplo de minhas próprias orações, pois tenho certeza que você já entendeu. Expresse os seus próprios sentimentos para Deus com base nas palavras do versículo 3.

"Como são felizes os que habitam em tua casa; louvam-te sem cessar! Pausa" (Sl 84.4):

- Agradeça pela bênção sob a qual você vive, por estar continuamente em sua presença.
- Exponha o objetivo de seu coração de oferecer continuamente sacrifício de louvor a Ele. Não é apenas algo que você faz; é quem você é.

- Separe alguns momentos de "pausa" para louvá-lo de forma livre e espontânea.

"Como são felizes os que em ti encontram sua força, e os que são peregrinos de coração!" (Sl 84.5):

- Declare a Deus como você é fraco e como depende dele para ter força.
- Diga que você é um peregrino; é apenas um peregrino nesta terra em busca de uma cidade celestial cujo construtor é Deus.
- Agradeça por estar mostrando a você o caminho que deve ser trilhado durante sua peregrinação. Diga que você tem consciência de que nem sempre é o que deseja, mas que sabe que é para o seu bem.

"Ao passarem pelo vale de Baca fazem dele um lugar de fontes; as chuvas de outono também o enchem de cisternas" (Sl 84.6):

- Embora sejam raramente apreciados, agradeça a Deus pelos vales de sua vida. Fale a respeito dos seus vales atuais.
- Baca significa "chorar"; deixe seu coração fluir em direção a Deus, mesmo em meio a lágrimas.
- Confesse a fé em sua liderança; que Ele está capacitando você a transformar a escuridão de seu vale em um lugar de fontes e cisternas – a chave para seu vale se tornar um jardim.

"Prosseguem o caminho de força em força, até que cada um se apresente a Deus em Sião" (Sl 84.7):

- O vale pode ser um lugar de fraqueza, mas agradeça a Deus por estar guiando você pelos vales até a próxima montanha de força.

- Regozije-se pelo fato de Deus estar transformando a escuridão do seu vale em um encontro face a face com sua glória.

"Ouve a minha oração, ó SENHOR Deus dos Exércitos; escuta-me, ó Deus de Jacó. Pausa" (Sl 84.8):

- Derrame seu coração perante Ele. Diga o quão desesperadamente deseja que Ele o ouça.
- Adore o Deus que, da mesma forma que foi fiel com Jacó, será com você. Ele o defenderá e o salvará!
- Conte novamente ao Senhor como Ele defendeu Jacó e peça essas mesmas bênçãos.

"Olha, ó Deus, que és nosso escudo; trata com bondade o teu ungido" (Sl 84.9):

- O escudo pode ser uma referência à perda de reputação, por causa de orações não respondidas; clame ao Senhor para restaurar suas fortunas e justificá-lo.
- Percebendo que você tem uma unção do alto, suplique a Deus para olhar para você e ter misericórdia.

"Melhor é um dia nos teus átrios do que mil noutro lugar; prefiro ficar à porta da casa do meu Deus a habitar nas tendas dos ímpios" (Sl 84.10):

- Este é um ótimo versículo para ajudar você a expressar o quanto ama a Deus. Um dia em seus átrios externos é mais prazeroso e emocionante que mil dias em outro lugar.
- Diga-lhe que seu coração não está voltado para coisas altas e elevadas; que você está feliz em ser apenas um porteiro dele.

- Clame pela misericórdia de Deus; diga que você poderia viver na presença dele para sempre e nunca retroceder para a iniquidade.

*"O S*ENHOR *Deus é sol e escudo; o S*ENHOR *concede favor e honra; não recusa nenhum bem aos que vivem com integridade"* (Sl 84.11):

- Como seu filho, diga que Ele é a luz de sua vida, sua radiação, sua fonte de calor, aquele que ilumina o seu caminho.
- Adore sua proteção – o Senhor é o seu protetor.
- Receba sua graça e glória exatamente agora.
- Declare sua apropriação da verdade da generosidade do Senhor; Ele nunca recusará generosidade, porque você vive com integridade.
- Diga-lhe que você o ama tanto a ponto de se esforçar, por meio de sua graça, para viver com integridade em relação a todas as coisas.

*"Ó S*ENHOR *dos Exércitos, como é feliz aquele que em ti confia!"* (Sl 84.12):

- Agradeça porque este versículo descreve você!
- Diga-lhe o quanto confia nele.
- Adore ao Senhor dos Exércitos do céu por Ele estar liberando bênçãos sobre você.

À medida que você ora as Escrituras, não tema fazer repetições. A repetição de palavras e frases significativas funciona eficazmente para internalizá-las em seu espírito e faz com que a verdade tenha impacto pleno em seu coração e mente. Desejo que a Palavra de Deus penetre profundamente em seu ser, chame a atenção com seu impacto, amplie e expanda seu coração com anelo apaixonado, entre no sistema de sua fala e ações e produza frutos para a vida eterna.

Espero que você pratique orar a Escritura até se habituar! Quando você despertar para esse segredo, desejará levar sua Bíblia para todo lugar onde for orar. Você a levará para o lugar secreto; você a levará para o encontro do seu grupo de oração; você a levará para as reuniões de oração da igreja. Você se deparará orando a Palavra até mesmo quando estiver dirigindo!

Que presente poderoso Deus deu em sua Palavra! Ele nos deu um meio de nos desviarmos da oração autocentrada, com base no ser humano e na autocomiseração, em torno da qual nossas almas sempre desejam gravitar. Podemos entrar na mente de Deus, em seus pensamentos, expressões e prio-ridades e orar de acordo com a sua vontade a partir de sua Palavra, através poder do Espírito Santo. Isso é incrível!

Capítulo 22

O SEGREDO DE TERMINAR

Às vezes, nosso lugar secreto é interrompido por forças que estão além de nosso controle. Emergências acontecem. E, em outras vezes, a agenda exige que saiamos para atender algum compromisso diário inadiável – como ir trabalhar, por exemplo.

Ocasionalmente, nos sentimos da seguinte maneira: "Não terminei ainda! Senhor, desejo ficar mais tempo com você! Eu, definitivamente, voltarei para este mesmo lugar com você antes de o dia de hoje acabar. Preciso retomar no ponto em que estávamos e terminar minha conversa".

O Senhor entende quando as exigências da vida nos tiram do lugar secreto. Ele não nos condena nem fica aborrecido. Na verdade, Ele ama contemplar a sinceridade de nosso coração quando nós, honestamente, desejávamos ter podido ficar mais tempo em sua presença.

Depois de ter feito esta ressalva, quero sugerir que há um elemento que algumas pessoas ainda não descobriram. É a questão de "terminar" seu tempo com Deus antes de sair para realizar outra tarefa do dia.

Cada visita ao lugar secreto é um evento em si mesmo. Muitos compreenderam a necessidade de "irromper" – para continuar avançando até cruzar o limiar em seu próprio espírito, até encontrar liberdade no coração e conectividade no espírito. Sabemos que há um período de "aquecimento" e, em seguida, um período de intimidade e interação. Entretanto, nem sempre compreendemos que o período no lugar secreto não é concluído sem o término adequado e a conclusão completa de acordo com o que Deus pretende. É fácil sair antes de Deus ter terminado de falar com você.

Eis um versículo interessante sobre a vida de oração de Jesus: "Certo dia Jesus estava orando em determinado lugar. Tendo terminado, um dos seus discípulos lhe disse: Senhor, ensina-nos a orar, como João ensinou aos discípulos dele" (Lc 11.1). Pelo versículo, podemos ver que existia claramente o desenvolvimento e o término do período de oração de Jesus, porque está escrito "tendo terminado".

Tecnicamente falando sabemos que Jesus orava sem cessar, mas quando vinha ao seu lugar secreto, chegava um momento em que Ele terminava. Chegava o momento de concluir. Na verdade, a *New American Standard Bible* apresenta: "Depois de ele ter terminado".

Um dos segredos do lugar secreto é permanecer lá até ter terminado. O modo de saber que terminou pode variar a cada dia, mas sugiro que a decisão do término não seja sua, mas de Deus. Deixe Deus decidir quando é o momento de acabar. Dê-lhe a honra de dispensar você.

Salomão nos deu as seguintes palavras de sabedoria. "Não se apresse em deixar a presença do rei, nem se levante em favor de uma causa errada, visto que o rei faz o que bem entende" (Ec 8.3). Se isso se aplica aos reis terrenos, então essa conduta é muito mais importante para aqueles que se achegam à presença do Rei dos reis. Quando entramos confiadamente em sua presença através do sangue de Cristo, não devemos sair às pressas. Precisamos parar, aguardar nele, ministrar e continuar em nosso culto perante o Rei até que Ele nos dispense.

Aqueles que se demoram em sua presença descobrem grandes alegrias. As maiores dimensões de intimidade com Deus não vêm rapidamente. Nós o visitamos e Ele gentilmente começa a nos atrair em um envolvimento de amor indizível.

Uma abordagem "relâmpago" nunca alcançará esse grau de intimidade. Prossiga e faça o "test drive" deste segredo. Não desista até ter concluído. Entregue-se ao Rei até que envie você de volta para a colheita dele. A intimidade de suas câmaras acenderá sua alma e você levará o perfume de Deus para um mundo perdido que anseia desesperadamente experimentar o que você encontrou.

Capítulo 23

O SEGREDO DA MANHÃ

Não faça isso!

O que eu quero dizer é: não pule este capítulo! É tentador olhar para o título dele e pensar: "Nem vou ler. Não sou uma pessoa que funcio-na de manhã e não quero ler sobre como as manhãs são um ótimo período para estar no lugar secreto. Já tentei e não funcionou para mim. Sou uma pessoa notívaga e esse não é o meu melhor período do dia".

Ótimo! Se a noite for o seu melhor período, dê o seu melhor a Deus! Não acredito que a vida secreta com Deus de todo mundo seja idêntica. Somos únicos e o Senhor ama o tempero particular que vem do perfume de sua própria individualidade. Portanto, dê a Deus a parte de seu dia que melhor se encaixa com a sua personalidade.

Para a maioria de nós, a manhã representa "o nosso melhor". É o momento em que nossas mentes estão mais descansadas e alertas. Esse também pode ser o período mais "valioso" no sentido de que muitas demandas desejam nossa atenção. Agora, reconheço que muitos de meus leitores trabalham em turnos de meia-noite ou acordam em horários variados. Portanto, quando eu me referir à "manhã" no restante deste livro, queira compreender que estou realmente me referindo ao "melhor" e "mais valioso" período do dia para você.

Alguns de meus amigos também são pessoas notívagas, mas até mesmo eles têm me falado que a parte da manhã é seu melhor período para o lugar secreto. Um amigo me disse: "Não sou uma pessoa matutina, mas o primeiro período da manhã é o período em que sou mais recompensado no lugar secreto".

Outra amiga me disse: "Não sou uma pessoa matutina". Mas então ela acrescentou: "Percebi que quando faço meus devocionais de manhã, a Palavra de Deus soa mais renovada para mim e fico mais obediente a ela. Por isso, comecei a me disciplinar a passar um bom tempo com Deus na parte da manhã. Percebi que eu fico mais equipada para lidar com adversidades durante o dia todo". Entretanto, ela acrescentou que usa o período da noite para ler a Bíblia.

Ouvi de mais de uma pessoa que é útil para elas ter um período e um lugar definido para se reunirem com Deus. Ao estabelecer consistência quanto ao período e ao lugar, elas são capazes de aprofundar o relacionamento com Cristo.

Algumas pessoas pressupõem que quando Deus vinha se comunicar com Adão e Eva "na brisa do dia" (Gn 3.8), era uma referência ao período da manhã. O período da manhã é a primeira escolha de Deus? É difícil ser dogmático. Isaque usava o silêncio da tarde para meditar com seu Deus (Gn 24.63).

Daniel orava de manhã, de tarde e ao meio-dia. Tanto Davi como nosso Senhor Jesus, entretanto, tinham o hábito de ir ao lugar secreto encontrar com Deus de manhã cedo.

Davi escreveu: "De madrugada te buscarei" (Sl 63.1 – ACF). A palavra "madrugada" significa pelo menos três coisas para mim:

- Buscarei ao Senhor nos primeiros anos de minha vida, enquanto sou jovem.

- Buscarei ao Senhor imediatamente quando surgir um problema, em vez de vir até Ele como última opção depois de ter esgotado todas as minhas alternativas.
- Buscarei ao Senhor nas primeiras horas do dia.

Davi também descreveu seu lugar secreto com as seguintes palavras: "Meu coração está firme, ó Deus! Cantarei e louvarei, ó Glória minha! Acordem, harpa e lira! Despertarei a alvorada" (Sl 108.1-2).

Davi foi resoluto – firme em seu coração – acerca da prioridade com o lugar secreto. Ele mantinha um fervor constante. Seu zelo em buscar o Senhor era contínuo e consistentemente fervoroso, da mesma forma que o amor de Deus por Davi era firme. O amor de Davi por Deus também era firme. Ele cumpria os "votos cada dia" (Sl 61.8) ao se comprometer firmemente em buscar a Deus nas primeiras horas da manhã, quando ele "despertaria a alvorada".

Jesus também tinha o padrão de levantar-se cedo para orar. "De madrugada, quando ainda estava escuro, Jesus levantou-se, saiu de casa e foi para um lugar deserto, onde ficou orando" (Mc 1.35). O contexto dessa declaração é fascinante. Ela faz referência ao domingo de manhã e, no dia anterior, Jesus tinha enfrentado um sábado extremamente ocupado. Ele ensinou na sinagoga, curou a sogra de Pedro, fez visitas com o grupo durante o jantar e após às 6 da tarde, no sábado à noite (no encerramento).

Jesus foi repentinamente bombardeado por uma multidão de pessoas que se aglomeraram ao redor dele para serem curadas. Quando o sábado acabou, Jesus foi instantaneamente cercado pelas pessoas. Ele curou suas enfermidades e ministrou a elas, e a Bíblia não diz até que horas foi a reunião. Tudo que sabemos é que na manhã seguinte, "quando ainda estava escuro", Jesus foi para o lugar secreto. Será que a intensidade da ministração da noite anterior tinha provocado nele uma urgência ainda maior de estar com seu Pai de manhã? Mas uma coisa parece ter ficado claro: aquela não foi uma noite especialmente longa.

Mesmo quando seu corpo ansiava por dormir, Jesus sabia que sua verdadeira fonte de revitalização não estava no sono, mas em buscar a face de seu Pai. O compromisso de Jesus com o lugar secreto foi profundamente profetizado por Davi em Salmos 110.3: "Trajando vestes santas, desde o romper da alvorada os teus jovens virão como o orvalho".

O lugar secreto era o "romper da alvorada" de Jesus. Era o lugar onde a vida estava incubada, onde a criatividade germinava, onde a inspiração era gestada e o poder obtido. Quando Jesus saiu deste romper de feliz santidade, estava revitalizado e energizado, como podemos ver na passagem: "Teus jovens virão como o orvalho". Ele emergiu do lugar secreto sentindo-se jovem novamente e pronto para cumprir a ordem do Pai.

Portanto, Salmos 110.3 descreve a natureza trina do relacionamento no lugar secreto de Jesus com seu Pai:

Intimidade – "Trajando vestes santas" indica a proximidade da presença.
Impregnação – "No romper da alvorada" aponta para o poder de procriação que gera vida.
Revitalização – "Teus jovens virão como o orvalho" fala de revitalização e renovação das forças.

Jesus experimentou este dinamismo em sua vida secreta com Deus, e você também pode experimentar! Você não sabe se escolherá o período da manhã ou da noite? Por que não decidir pelos dois? Dê-lhe os primeiros e os últimos frutos do seu dia. Ele sempre merece o nosso melhor!

Capítulo 24

O SEGREDO DE SE REVESTIR

Satanás reserva alguns de seus mais intensos ataques para o momento em que você adentra o lugar secreto – porque ele odeia o que acontece quando os santos se conectam com Deus. Repentinamente nossos pecados, falhas e defeitos começam a se desenrolar aos nossos olhos como numa tv de última geração. Muitos cristãos, de forma inconsciente, evitam o lugar secreto porque não querem enfrentar a barreira da vergonha e da culpa com a qual o inimigo normalmente os ataca no lugar secreto. Portanto, uma das primeiras coisas que devemos fazer de manhã é nos revestirmos com o Senhor Jesus Cristo. Quando estamos revestidos com Cristo, nenhuma acusação poderá nos tocar.

As Escrituras nos advertem que o estilo de Satanás é nos acusar "diante do nosso Deus, dia e noite" (Ap 12.10). Ele não nos acusa quando estamos contemplando o compromisso; mas nos acusa efetivamente quando estamos nos preparando para achegarmos a Deus. Portanto, o primeiro passo para superar a barreira de acusação é perceber que isso é algo esperado, típico dele. O acusador tenta agir assim com todos nós. Este é um risco ocupacional do lugar secreto.

As acusações de Satanás funcionam pelo menos nos quatro níveis apresentados a seguir.

Satanás acusa Deus para nós

Satanás aponta a forma como Deus está praticando a paternidade e dirá: "Veja como Deus está me tratando!". A acusação que faz sempre soa como sua própria voz e seus próprios pensamentos, mas na verdade são os pensamentos dele inoculados em sua mente. "Não acredito que Deus está me fazendo passar por tudo isso. Deus é um tirano. Não há nada de bom na maneira como está cuidando de mim. Como poderei confiar sendo que Ele está me tratando desta forma? Ele não está cumprindo as promessas que me fez. Acho que nunca as cumprirá." Satanás deseja que adotemos uma postura de acusação em relação a Deus. Esse é o motivo pelo qual amar a Deus em meio a sua dor é algo espiritualmente tão poderoso para combater os esquemas de Satanás.

Satanás nos acusa para Deus

Ele fala para Deus, em nosso ouvido, as falhas abismais que possuímos. Ele menciona todos os nossos defeitos, com detalhes e em cores. Ele nos retrata como sendo um obstáculo para o Reino de Deus. Deus não fica nem um pouco incomodado com as revelações de Satanás, mas, muitas vezes, nós ficamos. Nesses momentos, temermos que nosso Deus possa estar concordando com o acusador. Começamos a imaginar se Deus está bravo conosco. Se nossos corações não estiverem estabelecidos na graça, poderemos nos sentir fora do amor de Deus.

Satanás nos acusa uns para os outros

Satanás acusa outros santos para mim, fazendo com que eu duvide do caminhar deles com Deus. Se Satanás conseguir me fazer duvidar de meus irmãos e irmãs, o próximo passo será me convencer de que eles também duvidam de mim. Agindo dessa forma, ele tem a intenção de causar rupturas de relacionamento no corpo de Cristo.

Satanás nos acusa para nós mesmos

Isso é algo em que Satanás é especialmente bom. Ele é um expert em nos censurar por nossos pecados e fraquezas – especialmente quando estamos desejando nos aproximar do Senhor.

Cada um de nós encontrará o próprio e exclusivo caminho para lidar com as acusações do inimigo mas, a seguir, apresentamos alguns meios-padrão de neutralizar corretamente suas mentiras.

Confesse e se arrependa

As acusações de Satanás atormentam porque normalmente contêm uma determinada fração de verdade. Então, vá em frente, seja agressivo. Confesse seu pecado, dando para ele o pior nome, e se arrependa. E daí que é a enésima vez? Eu sei quem sou. Não sou um pecador que luta para amar a Deus; sou uma pessoa que ama a Deus e que luta contra o pecado. Eu sou basicamente alguém que ama a Deus, não um pecador. Essa é a minha identidade final. Portanto, lutarei mais uma vez contra qualquer pecado conhecido ou comprometimento e o confessarei abertamente a Deus para receber o seu perdão.

Cubra-se com o sangue de Jesus

Obrigado, Senhor, pelo sangue de Jesus! Seu sangue expiatório é poderoso, eternamente eficaz e, por si só, tem o poder de limpar a consciência suja. O sangue de Jesus é minha base para entrar na presença do Rei. Eu entro confiadamente no trono da graça, porque entro por meio de seu sangue através do véu de seu corpo. Sou bem-vindo nas mais altas cortes de glória por causa do sangue derramado por Cristo!

Revista-se

O que eu quero dizer é: vista a armadura completa de Deus, segundo Efésios 6. Quando você ler esta parte das Escrituras, note que o motivo de vestir a armadura de Deus é para que possamos orar:

> Vistam toda a armadura de Deus, para poderem ficar firmes contra as ciladas do Diabo, pois a nossa luta não é contra seres humanos, mas contra os poderes e autoridades, contra os dominadores deste mundo de trevas, contra as forças espirituais do mal nas regiões celestiais. Por isso, vistam toda a armadura de Deus, para que possam resistir no dia mau e permanecer inabaláveis, depois de terem feito tudo. Assim, mantenham-se firmes, cingindo-se com o cinto da verdade, vestindo a couraça da justiça e tendo os pés calçados com a prontidão do evangelho da paz. Além disso, usem o escudo da fé, com o qual vocês poderão apagar todas as setas inflamadas do Maligno. Usem o capacete da salvação e a espada do Espírito, que é a palavra de Deus. Orem no Espírito em todas as ocasiões, com toda oração e súplica; tendo isso em mente, estejam atentos e perseverem na oração por todos os santos. – Efésios 6.11-18

O vestir-se começa com o cinto da verdade. A verdade da Palavra de Deus o capacitará a cingir sua cintura para prepará-lo para correr. O ataque de Satanás consiste em mentiras e meias-verdades. Fale a palavra da verdade; vença a batalha com a verdade! Permaneça confiante na verdade de quem você é em Deus.

Veja-se como se estivesse vestido com a couraça da justiça. Você é a justiça de Deus em Cristo! Vista cada parte da armadura, uma de cada vez – as sandálias da paz, o escudo da fé, o capacete da salvação e a espada do Espírito.

Note que essa passagem nos pede para "ficarmos firmes". Você não tem que procurar uma luta; apenas fique em seu lugar secreto e a luta virá até você! Repentinamente você será lançado em um ringue. Este é o momento de ficar firme. Permaneça na verdade, fique sob o sangue e combata o bom combate. Fique firme até o inimigo admitir a derrota e sair de sua presença – ainda que só por um certo período.

Quando veste a armadura de Deus, na verdade você está se revestindo de Cristo: "Ao contrário, revistam-se do Senhor Jesus Cristo, e não fiquem premeditando como satisfazer os desejos da carne" (Rm 13.14). Jesus é cada parte da vestimenta; você está revestido de Cristo. Quando o Pai olha para você, enxerga Jesus. E você fica incrivelmente atraente para Ele. Ele o vê com bons olhos e até o prefere! Ele fica muito feliz por ter você em seus braços. O lugar secreto é onde celebramos o fato de Ele ter dado sua vida para ganhar nossos corações.

Nosso revestimento em Cristo agora é "profunda compaixão, bondade, humildade, mansidão e paciência... amor" (Cl 3.12,14). Essa é a forma como nos vestimos de branco, conforme Apocalipse 3.5. Eis o segredo: quando percebemos que estamos revestidos de Cristo, nosso nível de confiança perante Deus eleva-se às alturas. As acusações de Satanás não podem se alojar em nós, pois ricocheteiam em nosso escudo da fé. Fomos aceitos pelo Pai e agora podemos apreciar o diálogo pacífico de intimidade com Jesus.

Foi atingido pelas acusações? Revista-se do Senhor Jesus Cristo!

Capítulo 25

O SEGREDO DE NEGAR-SE A SI MESMO

Então Jesus disse aos seus discípulos: "Se alguém quiser acompanhar-me, negue-se a si mesmo, tome a sua cruz e siga-me".
– Mateus 16.24

Algumas pessoas podem pensar que Jesus está dizendo: "Como eu tive que sofrer muito para conquistar sua salvação, quero que você também sofra". Mas Jesus não pretendia que esse fosse um convite mórbido para o sofrimento, mas um convite glorioso para intimidade com Deus.

"Se você realmente deseja ficar perto de mim", Ele nos diz, "então deixe-me entregar-lhe a chave. Negue-se a si mesmo, tome a sua cruz e siga-me". É um convite para o mais alto nível de intimidade, mas nós sempre o evitamos porque achamos que o preço é muito alto. O que não compreendemos, entretanto, é o que estamos comprando. É exatamente como se alguém estivesse nos oferecendo um Mercedez novinho em folha por 20 reais e nós ficássemos reclamando do fato de estarem tentando nos arrancar 20 reais! Perto do que estamos comprando, esse preço é irrisório! Da mesma forma, negar-se a si mesmo é um preço muito pequeno a pagar pelo incrível deleite da comunhão de amor com Deus.

Se você quiser recebê-lo, o segredo é o seguinte: negar-se a si mesmo pode servir como um catalisador que impulsiona você para frente em direção ao grande prazer da intimidade no lugar secreto. O ato de negar-se a si mesmo e a intimidade seguem de mãos dadas.

Negar-se a si mesmo desperta o fluxo de vida e o amor no lugar secreto. Negar-se a si mesmo não é a mesma coisa que tomar a sua cruz. Para tomar a cruz, pelo menos em um sentido, é crucificar as paixões pecaminosas da carne. A cruz está associada à morte da carne, do homem carnal. Negar-se a si mesmo, entretanto, tem a ver com paixões boas e saudáveis. Negar-se a si mesmo é a redução deliberada de paixões e desejos saudáveis em favor de uma busca mais intensa de Jesus.

Para esclarecer, apresento exemplos das muitas maneiras como o negar-se a si mesmo pode se aplicado:

- Jejum parcial ou integral de alimentos ou água
- Diminuição do período de sono
- Não participar de uma boa diversão
- Dizer não a convites sociais/de amigos
- Reduzir o tempo de recreação/exercícios
- Fazer uma pausa temporária da relação sexual
- Fazer um voto de celibato
- Gastar menos quando poderia gastar mais

Nenhuma das atividades acima são pecaminosas. Praticadas com moderação e equilíbrio, elas são presentes de Deus que podemos apreciar em nossa vida. Mas algumas pessoas querem mais que uma vida feliz. Elas querem conhecer Jesus e aspiram conquistar o Reino. Desejam acumular tesouros eternos e anseiam derramar o Espírito de Deus em sua geração. Por isso, elas buscam o Reino com intensidade espiritual. Negar-se a si mesmo é um dom de Cristo que nos permite aumentar as chamas de nosso amor sete vezes mais.

O fato de negar-se a si mesmo inclui alguns benefícios espirituais, como os que aponto a seguir.

Perspectiva mais clara

Quanto mais você nega a si mesmo, mais as escamas caem de seus olhos. Você começa a enxergar o mundo como ele é e passa, naturalmente, a perceber o sistema corrupto do mundo que nos cerca. O mundo não renuncia nada, portanto, quando você se submete a negar-se a si mesmo, está remando contra a maré. O negar-se a si mesmo demonstra que não amamos o mundo nem as coisas do mundo.

Foi a falta de alimentos que finalmente trouxe o filho pródigo à razão. "Caindo em si, ele disse: 'Quantos empregados de meu pai têm comida de sobra, e eu aqui, morrendo de fome!'" (Lc 15.17). De modo parecido, o verdadeiro jejum espiritual é uma ação poderosa para ajudar a nos direcionarmos novamente para os verdadeiros valores e realidades do Reino.

Transformação acelerada

Quando você começar a perceber como o mundo contaminou seu estilo de vida, a graça será liberada para promover uma transformação pessoal. A simples verdade é que o Senhor Jesus honra quem nega a si mesmo. Ele ama a resolução apaixonada e a humildade daqueles que de boa vontade negam-se a si mesmos. Então, recompensa com graça a fim de que a pessoa obtenha pureza pessoal e verdadeira santidade. Ele dá graça ao humilde.

Ao falar sobre jejum, Jesus disse: "E ninguém põe vinho novo em vasilha de couro velha; se o fizer, o vinho rebentará a vasilha, e tanto o vinho quanto a vasilha se estragarão. Ao contrário, põe-se vinho novo em vasilha de couro nova". Jesus ensinou claramente que o jejum desempenha um papel fundamental na preparação da vasilha de couro velha para mais uma vez poder receber vinho novo. O negar-se a si mesmo tem um poderoso efeito modelador sobre a alma, nos preparando para o vinho novo do movimento novo de Deus entre nós.

Preparação para o ministério profético

Quando alguma coisa é praticada excessivamente, você não pode ter autoridade sobre ela enquanto continuar praticando-a, mesmo com moderação. Para ter autoridade sobre o excessivo, você deve se santificar e deixar de praticar até mesmo uma quantidade equilibrada e saudável.

Jesus modelou este princípio. Para tratar da avareza dos fariseus, não se permitiu nem tocar em dinheiro. Para tratar da tendência dos fariseus de usar trajes especiais, usou roupas bem simples. Para tratar do afã dos fariseus pelos melhores lugares nos banquetes e nas sinagogas, não se assentava com eles. Jesus se santificou deixando de praticar o bom e o normal para ter autoridade sobre o excessivo e desequilibrado.

Aqueles que levam mensagens proféticas para o corpo de Cristo geralmente negarão a si mesmos quase que diariamente. As formas estratégicas de negar-se a si mesmo nos qualificam para sermos despenseiros de uma mensagem profética para o corpo de Cristo.

Capacidade de ouvir a Deus

Um dos principais benefícios de negar-se a si mesmo é a capacitação que recebemos para ouvir mais claramente a Deus. Resposta, direção, percepção, enfim, tudo, parece fluir mais livremente quando o ato de negar-se a si mesmo é praticado livremente e de boa-vontade com graça no coração.

Mike Bickle fala articuladamente sobre jejum como sendo uma forma de "fraqueza voluntária". A fraqueza voluntária, como ele denomina, é a adoção intencional da fraqueza com a finalidade de descobrir uma graça maior. O ato de renunciar a si mesmo tem um efeito de enfraquecimento do vaso humano. Ele nos torna mais vulneráveis. Aqueles que adotam a prática da fraqueza voluntária se apropriaram pessoalmente deste grande princípio: "Minha graça é suficiente para você, pois o meu poder se aperfeiçoa na fraqueza" (2Co 12.9). Quando adotamos a fraqueza, a graça de Deus rapidamente nos fortalece. Aqueles que negam a si mesmos ficarão mais aptos a ouvir a voz de Deus e a entender sua vontade.

Jesus associou intrinsecamente o lugar secreto ao ato de negar-se a si mesmo. Ele disse:

> Quando jejuarem, não mostrem uma aparência triste como os hipócritas, pois eles mudam a aparência do rosto a fim de que os outros vejam que eles estão jejuando. Eu lhes digo verdadeiramente que eles já receberam sua plena recompensa. Ao jejuar, arrume o cabelo e lave o rosto, para que não pareça aos outros que você está jejuando, mas apenas a seu Pai, que vê em secreto. E seu Pai, que vê em secreto, o recompensará. – Mateus 6.16-18

O ato de negar-se a si mesmo é praticado em secreto. Ele é feito em silêncio, exclusivamente para Deus, para ser visto apenas por seu olhos. Quando praticado com pureza perante nosso Pai de amor, serve para despertar o fluxo de vida no lugar secreto.

Deseja manter isso em segredo? Quando seu lugar secreto precisar de revitalização, pratique a graça de negar-se a si mesmo. Seu coração será tocado mais prontamente, seu espírito voará mais alto e sua consciência da presença de Deus aumentará.

Capítulo 26

O SEGREDO DO TÉDIO

Você sempre fica entediado quando está orando? Se formos verdadeiros, cada um de nós dirá que já se entediou no lugar secreto. Eis aqui o próximo segredinho que este livro vai revelar com eloquência consumada: todos já ficaram entediados em sua vida de oração pessoal e leitura bíblica. Até mesmo os doze "apóstolos do Cordeiro" dormiram no lugar de oração (Mt 26.40-45)!

Há dias em que parece que estou com uma conexão especialmente boa com Deus. Nesses momentos, geralmente penso: "Por que não é assim sempre?". Mas, na realidade, há um uma série de dias inexpressivos mesclados aos dias excelentes.

Alguns dias aguardo ansiosamente pelo meu momento com o Senhor e acabo dormindo o tempo todo. Outras vezes, parece que estou desperto o suficiente, mas não sinto, especialmente naquele dia, a presença do Espírito Santo. Não importa o que leio ou quão fervorosamente ore: o dia parece estar fadado ao fracasso.

E sei que não estou sozinho. Quando converso com outras pessoas, percebo que esta é uma experiência comum de seres humanos fracos que, em sua debilidade e fraqueza, estão continuamente falhando na conexão com Deus que seu coração anseia. "O espírito está pronto, mas a carne é fraca", disse Jesus diretamente em relação à oração, em Mateus 26.41.

Então, o que devemos fazer quando estamos entediados? Perseverar. Aproveitar o tempo. Esforçar. Encarar a dificuldade.

Não permita que nada o dissuada ou desvie, incluindo o tédio. Às vezes, ao longo do caminho, você precisará tomar uma determinada decisão na vida: "Eu me dedicarei pela graça de Deus ao lugar secreto, faça chuva ou faça sol, nos bons ou nos maus dias, quando estiver com vontade ou não, quando for fácil e quando for difícil". Quando estiver na graça de Deus, você poderá fazer todas as coisas através de Cristo que o fortalece.

O Senhor responde a clamores sinceros de "Socorro!". Quando estamos nos sentindo especialmente fracos, esse é o momento de estender a mão para Ele em busca da abundância de sua graça. "Da mesma forma o Espírito nos ajuda em nossa fraqueza, pois não sabemos como orar, mas o próprio Espírito intercede por nós com gemidos inexprimíveis" (Rm 8.26).

Jesus chamou o Espírito Santo de "Conselheiro" (Jo 14.16,26; 15.26; 16.7), porque nos foi dado para ajudar nos momentos de fraqueza e necessidade. Chame o seu Conselheiro! "Espírito Santo, preciso de você agora. Ajude-me!" Ele virá em sua ajuda, porque ama nos ajudar a orar.

Quando durmo no lugar secreto, não deixo o inimigo usar esse fato contra mim. Eu apenas me vejo como filho de Deus, deitado em seu colo, tão em paz com Ele que descanso com a simplicidade de uma criança em seus braços. Eu imagino que o Senhor está usando aquele tempo para me contemplar e apreciar o calor de nossa proximidade. Eu poderia ter dormido em qualquer lugar, mas escolhi dormir nos braços de Deus.

Estou escrevendo este capítulo principalmente para neutralizar o esquema do inimigo de colocar um fardo de culpa e vergonha em sua vida secreta com Deus. Ele tenta dizer que você é uma fracasso ou um hipócrita quando, na realidade, você está fazendo a mesma caminhada que os maiores santos da história fizeram. Para ser franco, às vezes, orar é entediante e a leitura da Bíblia é como comer serragem.

Mas há uma parte boa: um dia de alegria no Espírito Santo vale mil dias de esforço! "Melhor é um dia nos teus átrios do que mil noutro lugar" (Sl 84.10). Isso realmente é verdade. Quando Deus toca em você com o Espírito e o energiza com sua Palavra, você fica irremediavelmente "viciado". Você passa a não se importar com o tempo que o deserto pode durar. E mantem-se na caminhada porque sabe que do outro lado existe um oásis de deleites celestiais.

Veja, agora, notícias ainda melhores: quanto mais você persevera no lugar secreto, a própria natureza de seu relacionamento com o Senhor tende a mudar – e os dias maus começam a diminuir e a ficar intercalados. Há um limiar a ser cruzado e, quando você o cruza, a emoção do lugar secreto agarra o seu espírito e você ganha um momento inigualável em sua conexão com Deus.

O ponto principal é: se você permanecer com Ele, por fim "valerá a pena". Finalmente o romper do limiar ocorrerá. Pode haver uma grande quantidade de horas entediantes de vez em quando, mas não desista. As melhores coisas da vida – as que têm valor eterno – sempre são conquistadas por um alto preço.

Tédio? Um pequeno preço a ser pago!

Capítulo 27

O SEGREDO DE SE SENTIR ATRAENTE PARA DEUS

Quando você se aproxima de Deus, como Ele olha para você? Sua resposta a essa pergunta é de vital importância para o sucesso de seu lugar secreto com Deus. E o acusador sabe disso. Ele deseja que você considere Deus como pai rigoroso, exigente, sempre insatisfeito com o seu desempenho, na maioria das vezes desapontado com você e frustrado com a taxa de seu crescimento espiritual.

Se a caricatura de seu Pai celestial for parecida com a imagem que você carrega dentro de você, essa falsa ideia de como Deus o enxerga começará a dirigir suas respostas emocionais em relação a Ele. Você ficará cansado de tentar agradá-lo e seu espírito não voará na liberdade da adoração de amor que Ele reservou.

Nada é mais fatal para o lugar secreto do que a falsa ideia de como Deus o enxerga. E nada é mais poderosamente energizante do que quando sua mente é renovada pela Palavra de Deus e você passa a entender como Ele o vê. Quando se apropria do fato de que Deus está sorrindo para você, que deseja sua companhia e anseia por intimidade, então a verdade dessa realidade começa a mexer em sua química emocional e você efetivamente começa se sentir atraente para Deus. Isso tem o poder de alterar tudo acerca de como você se relaciona com Deus!

Tudo começa com a compreensão de como Deus se sente sobre a cruz de Cristo. Apocalipse 5.6 descreve Jesus como um cordeiro de pé perante o trono eterno, "que parecia ter estado morto". Em outras palavras, a morte de Cristo está tão recente na mente de Deus quanto o dia em que aconteceu. O tempo nunca apagará dos olhos de Deus a proximidade do horror do calvário e a função poderosa expiatória do sangue de Cristo. Deus é eterna e infinitamente apaixonado pela cruz de seu Filho!

Aqueles que depositam a fé nesta grande demonstração de amor ficam debaixo do intenso favor do Deus Todo-poderoso. A fé no sacrifício de Cristo libera as infinitas paixões e deleites de um Deus exuberante que anseia estar unido ao seu coração em afeição eterna. Como você depositou seu amor naquele cujo Pai depositou seu amor, agora você pode "entrar" automaticamente na presença de Deus. Você é seu filho, sua família.

Quando sabe que é atraente para Deus, você se achega a sua presença confiadamente. Você vem a sua presença da maneira como Ele deseja, com o rosto erguido, como olhos cheios de expectativas, com um sorriso de deleite, com uma voz ávida e um coração fervoroso.

E Ele não aprecia você menos por causa de seu esforço. Ele sabe de suas fraquezas. Ele vê suas falhas, mas ainda assim o tem como seu filho e o aprecia mesmo quando você cai! Ele ama quando você se levanta e continua avançando em direção aos braços dele.

Como é confortante saber que podemos trazer o pacote inteiro de nossas inadequações e falhas à sua presença e ter certeza de que Ele amorosamente nos abraçará e se deleitará em nós! Ele nos aprecia em cada estágio de nosso processo de amadurecimento.

Salmos 45.11 nos diz como nosso amado Senhor se sente quando olha para nós: "O rei foi cativado pela sua beleza; honre-o, pois ele é o seu senhor". Essa é a forma como o Rei olha para a noiva que deixou tudo em ordem para se unir a seu marido. Você é incrivelmente belo para Jesus! Quando Ele contempla sua beleza, anseia por tê-lo e abraçá-lo por toda a eternidade. Quando você vem ao lugar secreto, está adentrando as câmaras do Rei que o considera belo e desejável. Não é somente você que anseia pela presença de Deus, Ele também anseia pela sua!

Talvez possamos chamar isso de "o segredo de ser atraente". É o segredo de compreender que Deus nos acha atraentes. Essa compreensão nos capacita a desejar estar nas câmaras de Deus continuamente. Assim que entramos em sua presença gloriosa somos transformados à sua imagem (2Co 3.18). E a contínua transformação na imagem de Cristo nos faz ser – como se fosse possível – ainda mais atraentes para Ele!

Como a noiva se enfeita com "vestes santas" (Sl 110.3), as afeições generosas de um Deus apaixonado são intensificadas. O que 1Pedro 3.4 chama de "beleza interior" está se tornando cada vez mais belo no lugar secreto (abrigo) do Altíssimo, onde a beleza que não perece, "demonstrada num espírito dócil e tranqüilo", é aperfeiçoada através da intimidade.

É aqui que a noiva começa a clamar: "Coloque-me como um selo sobre o seu coração" (Ct 8.6). A noiva está dizendo ao seu amado: "Porque sua vida será vinculada a minha e as principais afeições de seu coração serão dirigidas a mim, torne-me o centro de seu universo. Desejo que seus sentimentos me incluam. Quero compartilhar cada paixão do seu coração. Desejo que seus pensamentos se tornem os meus pensamentos. Desejo ser unida em amor a você".

É um clamor para se tornar sua alma gêmea. A alma gêmea não é apenas aquela que chega às mesmas conclusões que você, mas que chega àquelas conclusões da mesma maneira que você. A pessoa pensa como você. Sua linha de raciocínio se alinha à sua. Você tem os mesmos processos de pensamento e respostas para as situações da vida. Jesus está transformando sua noiva em sua alma gêmea, e o lugar secreto é onde esse amor é incubado e desenvolvido.

Você não é apenas atraente para Jesus, mas também desejado apaixonadamente por seu Pai celestial! Ele o descreve como a "menina dos seus olhos" (Dt 32.10; Zc 2.8). Isso significa que Ele o guarda e valoriza como você faz com a própria pupila dos seus olhos.

A descrição da preocupação de Jacó com seu filho Benjamim é equivalente à preocupação do Pai conosco:

> Agora, pois, se eu voltar a teu servo, a meu pai, sem levar o jovem conosco, logo que meu pai, que é tão apegado a ele, perceber que o jovem não está conosco, morrerá. Teus servos farão seu velho pai descer seus cabelos brancos à sepultura com tristeza. – Gênesis 44.30-31

Judá falou que a vida de seu pai estava "vinculada à vida de Benjamim". Jacó representa seu Pai celeste. A vida de seu Pai celeste também é "vinculada" à vida de seus filhos amados. Ele vive quando vê que você vive; Ele se emociona quando o vê realizado; Ele se regozija quando você é liberto; Ele fica contente quando você está descansando. Ele criou essa coisa incrível chamada "redenção" porque o coração dele é vinculado ao seu. Você é o centro do universo de Deus!

Jesus testificou essa verdade quando orou ao Pai: "Para que o mundo saiba que... os amaste como igualmente me amaste" (Jo 17.23). Pense nisso! Deus nos ama exatamente como ama o seu Filho amado! Ele sente por nós o mesmo que sente por seu Filho santo, imaculado, altruísta. Incrível!

Deus tem sentimentos muito mais profundos e apaixonados por mim do que eu tenho por Ele. Mesmo quando minhas paixões estão ardendo por

Ele, não chegam à intensidade do amor de Deus por mim.

E há uma lógica simples que me fez perceber que isso é verdade. A intensidade do meu amor é muito limitada porque eu posso pensar somente em uma coisa de cada vez. Então, quando eu trabalho ou faço as tarefas diárias, os pensamentos cognitivos de Deus realmente desaparecem totalmente de minha mente. Minha mente retornará para o Senhor algumas horas depois, mas em determinados períodos eu nem mesmo penso nele.

Mas Deus nunca para de pensar em mim. Seus olhos estão constantemente fitos em mim, e sua mente está incessantemente focada em quem eu sou e em quem Ele está me tornando. Quanto volto meus pensamentos para Deus, o testemunho imediato do Espírito é: "Estive aqui o tempo todo, aguardando por você. Eu o amo muito!".

Ele espera você vir até Ele! Ele espera a noite toda, observando-o, aguardando você se levantar, esperando ser o seu primeiro pensamento da manhã. Você não tem que imaginar se Ele deseja que você venha no lugar secreto. Ele está esperando por você e continuará aguardando o quanto for necessário – porque seu coração está ligado a sua vida.

Que você tenha a graça do alto para se apropriar verdadeiramente da realidade deste poderoso segredo: Deus o considera atraente!

"Senhor, que eu nunca venha a me retirar novamente de seus braços!"

Parte III

DEFININDO UM RITMO DE MARATONA

Na Parte II, consideramos algumas dicas práticas para aproveitar ao máximo o lugar secreto. Agora, vamos nos perguntar como podemos preparar nosso coração para assumirmos um compromisso vitalício com o lugar secreto. Não queremos meramente uma explosão de energia nova, somente para vê-la se dissipar em algumas semanas. Desejamos a resolução de buscar a Deus no lugar secreto todos os dias de nossas vidas até sermos chamados de volta para casa.

Capítulo 28

O SEGREDO DO DESESPERO

Por muitos anos fui muito disciplinado em minha vida devocional, pois estava determinado a, diariamente, passar um período lendo a Palavra e orando. A cada ano lia a Bíblia inteira em uma tradução diferente. Adorava o Senhor com louvores e orava por uma longa lista de pessoas. Entretanto, eu ainda não tinha descoberto as maiores alegrias do lugar secreto até o Senhor me conduzir a uma jornada não planejada. Ele permitiu que a calamidade sobreviesse em minha vida a ponto de quase me traumatizar.

Minha vida ficou fora de controle e minha própria sobrevivência (espiritual) estava em jogo. Freneticamente, comecei a me esforçar e a buscar o coração de Deus, lendo a Bíblia de capa a capa, tentando compreender os caminhos dele. Parecia que estava lutando para conseguir um pouco de ar como um homem que se afoga.

Para fazer uma colocação simples, eu estava desesperado. Foi nessa busca desesperada por Deus que o lugar secreto começou a florescer para mim como uma flor no deserto. O que fez a diferença em minha própria jornada? Em uma só palavra: desespero.

O desespero muitas vezes nos transforma em pessoas diferentes. Um homem se afogando tem apenas um pensamento – como conseguir ar. Nada mais importa para ele. As prioridades da vida tornam-se muito simples. A mulher que sofria de hemorragia, em Marcos 5.25, estava ansiosa por passar por entre a multidão, porque a única coisa que importava para ela era tocar em Jesus. O desespero produz uma visão afunilada.

Quando Deus afugentou o exército sírio da cidade de Samaria, os israelitas de Samaria estavam tão desesperados de fome durante o cerco que atropelaram o oficial junto à porta da cidade em sua pressa para buscar alimentos (veja 2Reis 6-7).

Quando você fica desesperado por Deus, sua busca por Ele assume uma qualidade diferente. Quando sua sobrevivência está em jogo, você começa a buscar Jesus de uma forma diferente. Você fica com um olhar que parece meio amalucado para as outras pessoas. Fica disposto a ir a qualquer lugar ou fazer qualquer coisa. Nenhum preço é alto demais. Você olha para a outra pessoa e pensa: "Eu o amo, o respeito, o considero uma ótima pessoa – mas se não sair do meu caminho, vou passar por cima de você, porque eu tenho de conseguir tocar em Jesus!".

Fontes de entretenimento banais, como televisão e filmes, terão que ser abandonadas. Convites para festas serão rejeitados. Algumas pessoas podem começar a se afastar, porque você não é mais tão engraçado como costumava ser. Mas isso é irrelevante para você, porque está desesperado por Deus. Nada mais importa agora, a não ser tocar a orla das vestes de Jesus.

As pessoas desesperadas não lutam contra as mesmas distrações e dificuldades que as pessoas em geral. Uma pessoa desesperada nunca diria: "Eu me esforço para encontrar tempo para ir ao lugar secreto". Ou: "Eu me distraio facilmente por causa dos afazeres diários". Essas pequenas distrações jamais atrapalhariam alguém que está desesperado. As dificuldades normais da vida não chegam nem a incomodar uma pessoa desesperada, por causa da intensidade de foco em sua busca.

Quando você começa a buscar a Deus com esse tipo de desespero, ventos espirituais poderosos começam a soprar em sua vida. Você está deflagrando uma tempestade! As coisas começam a mudar dentro de você com uma rapidez inigualável.

A atividade dos anjos (tantos bons quanto maus) ao seu redor torna-se intensa, mesmo que você não se dê conta. Você ganha a atenção do céu e do inferno. Problemas que estão cozinhando em fogo brando por muitos anos repentinamente chegam ao ponto de ebulição, gritando para serem solucionados. Você se vê cercado pela suspeita e pela vergonha. Deus o coloca em sua classe avançada e a velocidade da transformação e transição em sua vida é vertiginosa.

E o que acontece em seu interior? Você está sendo avivado pela Palavra de Deus! Ela está alimentando e sustentando você. Novas percepções estão eletrizando e carregando você. A proximidade da presença de Deus começa a contagiá-lo. A revelação do amor de Deus está redefinindo seu relacionamento com Ele. A compreensão de seu coração e propósitos está lhe dando uma perspectiva inteiramente nova sobre o Reino de Deus. Você está ficando "viciado" nas glórias do lugar secreto!

Alguém lendo essas palavras pode pensar agora: "Senhor, como posso provar as coisas que Bob está mencionando aqui?". Eu posso falar apenas a respeito de minhas experiências pessoais. Não havia nada que eu pudesse fazer para provar desse desespero. Precisei da intervenção divina. Eu precisava dele para me deixar desesperado. Eu o invoquei e Ele me respondeu. Isso tudo começa e termina no coração de Deus, pois é quem efetua "tanto o querer quanto o realizar, de acordo com a boa vontade dele" (Fp 2.13).

Estou convidando você a fazer uma oração louca – uma oração arriscada: "Senhor, torne-me desesperado por você!". Se você clamar do fundo de seu coração, Ele o ouvirá. Ele sabe exatamente onde você está e o quanto pode suportar. Ele pode elaborar uma resposta para essa oração que produzirá um grande choro de desespero dentro de sua alma. Ele sabe como nos deixar famintos!

Você não precisa temer as consequências desta oração de santa consagração, porque "o perfeito amor expulsa o medo". O amor perfeito sabe que tudo o que vier da mão de Deus é para o nosso benefício, portanto, o amor perfeito não teme nada que Deus faça para gerar uma maior devoção e consagração de nossa parte. Deixe Deus aperfeiçoá-lo em seu amor de forma que você possa receber de braços abertos a boa, agradável e perfeita vontade de Deus.

Quando entramos em um período de sofrimento, nossa primeira rea-ção é clamar por alívio. Entretanto, Deus nem sempre traz alívio imediato, porque pretende que esse sofrimento produza desespero dentro de nós.

Esta verdade me faz lembrar de um diálogo recente que tive com uma amiga, Cindy Nelson. Cindy teve uma enfermidade em seu corpo por muitos anos e, então, foi completamente curada. Ela ficou profundamente grata a Deus por sua cura e passou a ministrar às pessoas que convivem com dor crônica. Entretanto, suas observações sobre sua vida secreta com Deus, desde a sua cura, me intrigaram bastante. Ela me autorizou a reproduzir seu e-mail exatamente como foi escrito:

> Apenas recentemente percebi que perdi o desespero que costumava ter de buscar a Deus antes de Ele ter me curado. Lembro-me de depender de cada palavra, cada sopro de Deus para me sustentar. Eu forçava os portões do céu para ouvi-lo. Para ouvir esperança, força, paz, algo que me assegurasse de sua presença e me mantivesse caminhando. Minha necessidade era tão grande e eu sabia que somente Ele poderia atender minhas necessidades. Ainda sei disso, mas me tornei menos dependente dele. Recentemente tive de me arrepender. Eu não quero necessariamente outra tragédia em minha vida para

me fazer voltar a ter aquele desespero. (Sei bem disso.). Mas sei que momentos de dificuldade revelam a dependência de uma pessoa por Deus. Em alguns aspectos acho que meus devocionais eram mais ricos em comparação com os de agora. São diferentes. Menos intensos, na verdade. Essa é a única maneira que posso descrevê-los.

Já li histórias de cristãos que permaneceram presos por muitos anos por causa de sua fé e que, após a libertação, lamentaram a perda da intimidade com Deus que tinham na prisão. O Senhor estava tão perto deles no cárcere e depois, em liberdade, tudo tinha ficado diferente. Eles haviam perdido a antiga intimidade de tal forma que alguns chegaram a desejar voltar para a prisão! Apesar de nenhum de nós pedir dificuldades a Deus, não podemos negar o fato de que as dificuldades produzem desespero que, por sua vez, produz intensa intimidade.

Não estou dizendo que a dificuldade é o único caminho para o desespero. Deus tem muitas formas de responder às nossas orações. Mas estou dizendo que um dos maiores segredos para liberar a vida interior com Deus é através do desespero.

O sábio buscará a Deus com anseio desesperado. Este é o caminho para a vida.

Capítulo 29

O SEGREDO DA COLETA DO MANÁ

Quando você estiver desesperado por Deus, ficará dependente do poder de sustentação diário de sua Palavra. Sua fonte de sobrevivência será seu maná diário – alimentar-se da Palavra de Deus. Sabemos que a validade do maná do deserto era de apenas um dia; se fosse guardado para o dia seguinte, ele apodreceria (Êx 16.12-31). Ainda é verdade que a alimentação feita ontem da Palavra não nos sustenta hoje. E uma das principais funções do lugar secreto é fornecer alimento fresco da Palavra de Deus todos os dias.

Provérbios 16.26 diz: "O apetite do trabalhador o obriga a trabalhar; a sua fome o impulsiona". É nossa fome pela Palavra de Deus que nos impulsiona ao lugar secreto. Quando estamos espiritualmente famintos, somos energizados para trabalhar na Palavra. A ausência de fome é um sinal de perigo.

Quando alguém está doente, geralmente o primeiro sintoma que aparece é a perda de apetite. Aqueles que perdem o apetite espiritual precisam de um exame médico, espiritualmente falando. Seria um pecado cancerígeno destruindo a vitalidade espiritual? O que se aplica ao estado carnal também se aplica ao espiritual. Há uma grande chance de nosso apetite espiritual ser restaurado se bebermos bastante água (o Espírito Santo), descansarmos adequadamente (parar de fazer nossos próprios trabalhos), nos exercitarmos na Palavra e evitarmos comidas que não são saudáveis (péssimas substituições). A fome espiritual é absolutamente essencial para a saúde espiritual, porque sem ela não seremos motivados a nos alimentar do maná da Palavra de Deus.

É essencialmente importante que cada um de nós aprenda como coletar maná para si. Aqueles que consideram o sermão de domingo de manhã como sua única fonte de nutrição, certamente se tornarão esqueletos espirituais. Deus nunca planejou que vivêssemos da vida secreta de nosso pastor. Ele quer que descubramos por nós mesmos a emoção vitalizadora de nos alimentarmos diariamente de sua Palavra.

Quando você aprender a se alimentar da Palavra, deixará de ficar chateado porque o sermão de domingo não se aplica a sua vida. Ele deixará de ser sua única fonte de alimentação e vida. Se algo no sermão o alimentar, você poderá considerar como um bônus. Mas não dependerá mais das outras pessoas para lhe darem leite, porque terá aprendido a cortar o seu próprio bife.

Muitas pessoas têm expectativas equivocadas sobre o que é o culto de domingo de manhã. Elas procuram um lugar para serem ensinadas na Palavra, para serem alimentadas, e um lugar para seus filhos serem ensinados e fortalecidos. Mas, geralmente, esperam receber no culto o que Deus pretendia que recebessem no lugar secreto e no "altar familiar". Eu chamo de altar familiar os momentos diários em que os pais ficam sentados com seus filhos para instruí--los na Palavra e orarem juntos, de acordo com o mandamento das Escrituras.

Quando depositamos expectativas mais altas no culto de domingo de manhã do que ele pode nos oferecer, podemos facilmente nos tornar críticos ou até mesmo cínicos em relação ao corpo de Cristo (uma doença que pode ser terminal e altamente contagiosa, especialmente para nossos filhos).

Não é difícil aprender a coletar o maná. Apenas vá até ele e comece a coletar. Pegue sua Bíblia e comece a trabalhar nisso. A princípio você vai se sentir desajeitado, mas continue perseverando. Quanto mais você trabalhar na Palavra, mais habituado se tornará a coletar a porção diária que satisfará a sua alma.

À medida que você perseverar, descobrirá que o Senhor designou o lugar secreto para satisfazer seu coração pelo menos de três maneiras, que estão descritas a seguir.

Alimentar-se da Palavra

Diz-se daquele que teme a Deus: "Ao contrário, sua satisfação está na lei do SENHOR, e nessa lei medita dia e noite. É como árvore plantada à beira de águas correntes: Dá fruto no tempo certo e suas folhas não murcham. Tudo o que ele faz prospera!" (Sl 1.2-3). À medida que meditamos e nos alimentamos da Palavra de Deus, ficamos parecidos com árvores que produzem fruto, porque temos nutrientes fluindo dentro de nós.

Bebendo do Espírito

Jesus disse: "Mas quem beber da água que eu lhe der nunca mais terá sede. Ao contrário, a água que eu lhe der se tornará nele uma fonte de água a jorrar para a vida eterna" (Jo 4.14). O Espírito Santo é como a água que nos ajuda a engolir o maná da Palavra. A Palavra deve ser sempre ingerida juntamente com a água do Espírito.

Cultivando um relacionamento
de conhecimento com Deus

Hebreus 8.11 cita o Antigo Testamento: "Ninguém mais ensinará o seu próximo, nem o seu irmão, dizendo: 'Conheça o Senhor', porque todos eles me conhecerão, desde o menor até o maior". Deus deseja conduzi-lo a um lugar oculto onde você desenvolverá sua própria e exclusiva conexão com Ele, e passará a conhecê-lo de forma totalmente independente de qualquer outra pessoa. Ele deseja que você desenvolva sua própria fórmula secreta de se comunicar com Ele e conhecê-lo. Nenhum homem poderá ensiná-lo a encontrar esse conhecimento e a relacionar-se com Deus; o próprio Espírito Santo será seu professor. Tudo o que você precisa fazer é fechar a porta.

Oh, as incríveis profundidades de comunicação que podemos encontrar no lugar secreto – sem mencionar a ingestão do delicioso alimento espiritual! A partir do momento em que encontramos essas coisas no lugar secreto e conduzimos nossa família nelas, as reuniões de domingo de manhã podem passar a desempenhar seu devido papel em nossas vidas: um lugar onde Deus é glorificado e ministrado; um lugar onde podemos incentivar e apoiar outras pessoas; um lugar onde a visão de nosso corpo coletivo é articulada; um lugar onde nossa unidade é construída; um lugar onde é feita a oração em grupo; um lugar onde o jovem e o fraco são fortalecidos e encorajados; e um lugar onde os que buscam podem se achegar a Cristo.

Apenas mais um pensamento rápido. Lembro-me dos dias quando eu, como pastor, compilava a Palavra diariamente para obter material potencial para o sermão. Estava sempre em busca de verdades que alimentariam minha congregação. Mas, então, Deus me deteve e mudou a forma como eu vinha até a Palavra. Agora leio a Bíblia somente para mim. Tenho tanta fome de Deus que todos os dias preciso ser sustentado pelo maná fresco da Palavra. Se não obtenho meu maná para o dia, fico um pouco irritadiço. Agora, coleto maná somente para mim.

Mas veja outra coisa interessante que descobri: quando compartilho com outras pessoas o maná que me alimenta, ele também as alimenta! Na verdade, descobri que as outras pessoas parecem ficar muito mais alimentadas quando compartilho com elas o que primeiramente me sustentou.

O segredo é: aprenda a coletar o seu próprio maná. Então, você terá algo para compartilhar com as outras pessoas.

Capítulo 30

O SEGREDO DE PERSEVERAR

À medida que nos preparamos para a maratona completa da corrida cristã, não devemos apenas coletar nosso maná diário, mas também crescer em semelhança a Cristo no tocante à perseverança.

Todos nós temos períodos de deserto, quando tudo em nossa vida espiritual está seco, empoeirado e sem inspiração. E a única maneira de atravessar esses momentos é tomando uma decisão antecipada de que não importa o quão árduo venha a ser o trabalho, nunca desistiremos de nossa busca por Deus. Iremos perseverar em Cristo a despeito de tudo. Vou revelar-lhe mais um segredo: este tipo de comprometimento tenaz para perseverar abre caminho para as dimensões mais significativas de relacionamento com o Senhor.

Esses períodos não acabam apenas com a monotonia da mesmice, eles são necessários para a produtividade. Nada pode viver debaixo de sol contínuo. Constante alegria e felicidade, sem nuvens no horizonte, produz aridez. A noite é tão importante quanto o dia; o sol deve ser acompanhado pelas nuvens e pela chuva. Apenas sol contínuo cria um deserto. Não gostamos de tempestades, mas elas fazem parte da vida. A chave para termos vitória está em encontrar a forma de suportá-las de modo que não nos desalojem do lugar secreto com Deus.

É fácil perseverar nos bons momentos. Mas é nos momentos difíceis que nossa perseverança é comprovada. Quando os tempos ficam difíceis, é tentador negligenciar o lugar secreto. Jesus, entretanto, manifestou exatamente a tendência oposta. Quando estava sofrendo, buscou o lugar de oração. Seu período no Getsêmani é um grande exemplo do seu modo de agir: "Estando angustiado, ele orou ainda mais intensamente" (Lc 22.44).

Quando Jesus sofria, Ele orava. Quando sofria mais, Ele orava mais intensamente. Esse era o segredo de Jesus para resistir ao horror de seus sofrimentos. Ele se preparava através da oração para resistir à dor. Se reagirmos adequadamente, o sofrimento poderá ser, na verdade, um presente. A dor pode ocasionar um grande ímpeto para orar – se permitirmos que isso sirva de trampolim para nos aproximar de Deus e não para nos afastar dele.

Paulo orou para que os colossenses fossem "fortalecidos com todo o poder, de acordo com a força da sua glória", para que tivessem "toda a perseverança e paciência com alegria" (Cl 1.11). Um dos maiores desafios, na hora da adversidade, é sofrer durante um longo período com alegria. Isso não é possível por meio da força humana! Por causa disso Paulo orou para que eles pudessem ser "fortalecidos com todo o poder", pois o poder de Deus permite a alegria em meio a longos períodos de sofrimento.

Ter alegria durante o sofrimento é uma qualidade divina, e a sentença "perseverança e paciência com alegria" é aplicada ao próprio Deus. Considere o quanto Deus sofre, visto que compartilha o sofrimento do mundo. E por quanto tempo tem sofrido! E apesar de todo o sofrimento, Deus é mais forte que qualquer um de nós pode imaginar e também sente grande alegria. Somente Deus pode sofrer tanto e, ainda assim, sentir alegria.

Quando somos chamados a perseverar com grande alegria, é imperativo que encontremos a consolação do lugar secreto. Esse é o lugar onde somos preenchidos e "fortalecidos com todo o poder" durante um período de longo sofrimento. Colocando de uma forma simples, a perseverança divina é impossível de ser adquirida sem vida secreta com Deus bem alicerçada.

Em minha opinião, o sofrimento só pode ser aceito com alegria quando compreendemos o propósito de Deus para aquela dor. "Meus irmãos, considerem motivo de grande alegria o fato de passarem por diversas provações, pois vocês sabem que a prova da sua fé produz perseverança" (Tg 1.2-3). A única maneira de sentir alegria em meio às provações é através do "saber" – saber o propósito de Deus para elas.

Mas como podemos aprender sobre os propósitos de Deus em meio aos nossos sofrimentos? A busca secreta de Deus em sua Palavra é que revelará o propósito para nós. À medida que vemos como Ele conduziu os santos da Bíblia ao longo de suas adversidades, começamos a ver seu coração nos conduzindo através dos mesmos tipos de vitórias gloriosas. O que capacitou Paulo a resistir ao "seu espinho na carne" foi o fato de Deus revelar-lhe seu propósito acerca do espinho. Assim que Paulo viu o propósito, pôde cooperar com a graça de Deus.

Paulo inventou um termo fascinante: "a perseverança... procedente das Escrituras". Ele é encontrado em Romanos 15.4: "Pois tudo o que foi escrito no passado, foi escrito para nos ensinar, de forma que, por meio da perseverança e do bom ânimo procedentes das Escrituras, mantenhamos a nossa esperança".

A palavra original para "perseverança" (grego, *hupomone*) significa "constância, perseverança, continuidade, suporte, firmeza, longanimidade". A Bíblia é a minha fonte de constância. Sempre que me volto para ela, sou renovado em minha postura de aguardar somente em Deus. Ela não só me sustenta e me capacita a perseverar, mas o testemunho dos propósitos e maneiras de Deus agir são consistentes de Gênesis a Apocalipse.

Quando vejo o padrão uniforme das Escrituras, que Deus por fim revela sua salvação àqueles que perseveram, sou fortalecido em esperança. As Escrituras falam da perseverança dos santos tão frequentemente que dizem que as próprias Escrituras são perseverantes!

A Bíblia enaltece todos os que buscam compreender o caminho que Deus estabeleceu para eles: "A sabedoria do homem prudente é discernir o seu caminho, mas a insensatez dos tolos é enganosa" (Pv 14.8). É no santuário de sua presença que ganhamos compreensão dos enigmas da vida (Sl 73.17). O santuário de sua presença é onde Deus revela o propósito, que por sua vez nos capacita a perseverar em meio às dificuldades com alegria, por sabermos que Ele está agindo em todas as coisas para o nosso bem (Rm 8.28).

Um dos símbolos das Escrituras para esse processo é a pérola. A pérola é formada dentro de uma ostra que experimentou o sofrimento por causa de uma partícula estranha de areia que ficou grudada dentro de sua concha. A pérola representa a transformação eternamente valiosa que Deus opera dentro de nós no momento da dificuldade. Não existe nada que nos transforme tão pronta e profundamente como uma dedicação ao lugar secreto em meio ao rigor do sofrimento.

Quanto mais tempo o grão de areia fica dentro da concha da ostra, mais valiosa se torna pérola. Portanto, o valor formador da tribulação é, às vezes, diretamente proporcional à duração da provação. Quanto maior o sofrimento, mais valiosa a pérola. É a confiança neste fato que nos capacita a perseverar com alegria. Quando perseveramos em amor em meio às dificuldades, nos qualificamos para adentrar os portões da pérola – pois a única maneira de entrar na cidade eterna é através dos portões de pérola do "tesouro aperfeiçoado pelas dificuldades".

O apóstolo João fornece um exemplo fascinante da recompensa alcançada pela perseverança no lugar secreto, mesmo em face às dificuldades. Já com idade avançada, João foi exilado "na ilha de Patmos por causa da

Palavra de Deus e do testemunho de Jesus" (Ap 1.9). Não há dúvidas de que ele, aos noventa anos, sofria com os rigores de uma prisão em uma ilha. Ele sofria em seu corpo, padecia as dores da solidão e inevitavelmente sentia como se estivesse terminando os seus dias inutilmente.

Apenas sobreviver nesta ilha não era sua ideia para um grande final da sua corrida. Entretanto, em vez de sucumbir devido à preocupação consigo próprio ou ao desânimo, ele disse: "No dia do Senhor achei-me no Espírito" (Ap 1.10). Em outras palavras, ele foi proativamente perseverando em meio às suas dificuldades, dedicando-se ao relacionamento de amor no lugar secreto com seu Amado.

Qual foi a resposta de Deus à perseverança e à paciência de João? Deus o honrou dando-lhe uma revelação inigualável da beleza e da glória de Jesus Cristo, que ele pôde retratar de forma maravilhosa no Livro do Apocalipse. Era como se Deus estivesse dizendo: "Honro aqueles que dão seu amor a mim no lugar secreto enquanto perseveram no fogo das provações e dos sofrimentos. Eu os recompenso capacitando-os a contemplar a luz do conhecimento da glória da minha majestade que é encontrada na face de meu maravilhoso Filho".

Jamais desista! Hoje pode ser o dia em que Ele recompensará sua devoção com uma revelação sublime da glória eterna do Homem, Jesus Cristo nosso Senhor!

Através do poder do Espírito de Deus, qualquer provação pode ser suportada com alegria por causa da extravagância dessa recompensa.

Capítulo 31

O SEGREDO DO CONFINAMENTO

Como João na ilha de Patmos, alguns cristãos se encontram em situações de restrição neste momento e lutam contra todas as armadilhas emocionais que trazem prisão e confinamento. Sentimentos como desesperança, inutilidade, desespero, abandono, rejeição, vergonha, falta de entendimento, solidão e vulnerabilidade são alguns deles. Com essa gama de emoções atacando o equilíbrio de quem está preso, é difícil manter confiança inabalável sem o segredo simples deste capítulo: quando você está em confinamento, Deus está mais perto do que você pode perceber.

Deus garante à alma aflita: "Na adversidade estarei com ele" (Sl 91.15). Quando você estiver apreensivo com circunstâncias que espremem e pressionam sua alma, esteja certo de que o Senhor está mais perto de você do que nunca!

Davi disse ao Senhor: "Fez das trevas o seu esconderijo [lugar secreto]" (Sl 18.11). Quando as luzes do entendimento são apagadas e você se precipita na escuridão emocional, na verdade, você está sendo convidado a vir ao lugar secreto com Deus. É na escuridão que Deus se encontra secretamente com os seus escolhidos.

A prisão de Deus normalmente é caracterizada pelo isolamento social e solidão. Amigos vão embora e os relacionamentos que um dia ministraram vida e graça a você se distanciam ou se afastam indiferentes. Sua capacidade de funcionar é significativamente reduzida e você não encontra alegria na pequena quantidade de movimentos que suas correntes lhe permitem.

Esse confinamento, entretanto, foi orquestrado por Aquele que o ama. Seu marido celestial o atrairá para o deserto (como em Oseias 2), confortará com sua presença e renovará suas afeições por meio da bondade e glória dele. É exatamente na dor da solidão e na falta de propósito que o Senhor planeja despertar um profundo relacionamento de amor que você nunca conheceu.

Antes você estava ocupado demais para encontrá-lo ou se preocupar com isso. Agora, você está tão determinado a compreender a natureza da mão de Deus em sua vida que está se voltando para Ele com entrega total e desespero.

Em sua bondade Ele seca todas as outras fontes que alimentaram sua alma, para que possa se tornar sua única fonte no silêncio desta cela. É nessa cela que você aprenderá a se apropriar de Salmos 87.7 (ACF): "Todas as minhas fontes estão em ti". Em vez de ser energizado por projetos, agora você será energizado por uma Pessoa. Estar com Ele e nele se tornarão seus critérios para o sucesso.

Davi falou da intimidade da prisão: "Tu me cercas, por trás e pela frente, e pões a tua mão sobre mim. Tal conhecimento é maravilhoso demais e está além do meu alcance; é tão elevado que não o posso atingir" (Sl 139.5-6). Estando cercado por trás, Davi não podia parar ou desistir, porque estava sendo impulsionado para frente. Dessa forma, ele não podia acelerar o passo nem passar na frente, mas apenas se mover para frente de acordo com o passo que o Senhor soberanamente estabelecia para ele. Ele não podia aumentar a velocidade nem desistir.

Então, Davi estava sob a poderosa mão de Deus, o que significava que não podia se desviar para a esquerda nem para a direita. Ele era um homem sem opções. E qual era sua avaliação deste lugar de direção restrita, limitada e controlada? Davi pode ter sido tentado a encarar isso como altamente restritivo e controlador, mas, em vez disso, considerou essa situação da seguinte forma: tal conhecimento é maravilhoso demais e está além do meu alcance!

A sulamita descreveu isso da seguinte forma: "O seu braço esquerdo esteja debaixo da minha cabeça e o seu braço direito me abrace" (Ct 8.3). Ela considerou as restrições como um abraço amoroso. Em vez de focar a imobilidade, o prisioneiro deve focar na intimidade gloriosa de estar tão firmemente seguro nas mãos do Senhor. O confinamento é, na verdade, um presente!

Essa prisão não é apenas um lugar de intensa intimidade, mas também de comunicação de revelações. Jesus disse: "O que eu lhes digo na escuridão, falem à luz do dia" (Mt 10.27). No lugar da escuridão, Deus está dizendo mais do que você tem capacidade para perceber! Ao mesmo tempo em que Ele pode não estar falando o que você deseja, está querendo transmitir-lhe os pensamentos e intenções do seu coração. Se você ouvir na escuridão, um dia falará na luz do dia o que Ele sussurrou ao seu coração no escuro.

Você está em uma espécie de prisão? Apenas dê a Deus o seu amor! As Escrituras dizem: "O amigo ama em todos os momentos" (Pv 17.17). Mesmo quando o Senhor é misterioso em sua conduta, seus amigos ainda o amam. E no silêncio desse amor, uma nova profundidade de intimidade é cultivada e estabelecida no coração que o conduz para a vida. Você aprenderá que "quem fere por amor mostra lealdade" (Pv 27.6), pois Ele o amou o suficiente para feri-lo, e assim pode conduzi-lo a uma maior conexão com Ele.

Eis um dos segredos da escuridão: Ele aprisiona aqueles que Ele ama para despertá-los no lugar secreto, visando amadurecer as afeições de sua noiva, a igreja.

Não despreze suas correntes, pois elas o atam ao coração daquele por quem você anseia. Você é o prisioneiro do Senhor.

Capítulo 32

O SEGREDO DE ESPERAR

O lugar secreto é uma máquina que nos transporta de nosso fuso horário para o de Deus. Nele entramos na eternidade e começamos a ver a vida inteira a partir da perspectiva daquele que é eterno, que não tem começo nem fim. Com esta vantagem, esperar em Deus assume uma nuança inteiramente diferente.

Quanto mais perto você fica de Deus, mais percebe que Ele não tem pressa. Não existe uma correria frenética no céu; apenas propósitos calculados. "Aquele que crer não se apresse" (Is 28.16 – ACF). Aqueles que entram no fuso horário de Deus não permitem que questões urgentes os pressionem a agir precipitadamente a ponto de tomar a frente de Deus.

Senhor, ajude-me a escrever sobre o poderoso segredo de esperar em ti!

Muitos de nós vamos ao lugar secreto com uma lista de tarefas e, mentalmente, "fazemos uma marca de tique" ao concluirmos cada uma delas:

- Confessar pecados
- Adorar, louvar, dar ações de graças
- Ler a Bíblia

- Meditar
- Interceder
- Fazer anotações no diário

Então, ao concluirmos tudo o que está em nossa lista, nosso tempo no lugar secreto é considerado terminado. Mas realmente está terminado? Ainda há outro elemento a ser incluído – esperar em Deus.

Uma das melhores descrições de esperar em Deus é encontrada em Salmos 123.2:

> Assim como os olhos dos servos estão atentos à mão de seu senhor,
> e como os olhos das servas estão atentos à mão de sua senhora,
> também os nossos olhos estão atentos ao Senhor, ao nosso Deus,
> esperando que ele tenha misericórdia de nós.

Esperar no Senhor é estar atento a sua mão. Atentamos para ela por dois principais motivos: para servir e ministrar a Deus segundo o que sua mão sinalizar para fazermos e esperar até que Ele a mova em nosso favor. Esperar em Deus não é assistir televisão até que Ele passe a agir. Esperar em Deus é olhar atentamente para Ele sem distração até que tenha misericórdia de nós. E até sua ação, apenas esperamos nele e em seu amor. Posso até dizer da seguinte forma: enquanto estiver esperando *por* Deus, espere *em* Deus.

Certa vez, alguém disse: "Devemos buscar a face de Deus e não sua mão". Mas eu discordo. Buscamos sua face e sua mão. Buscamos a intimidade de sua face, mas também buscamos o poder de sua mão. Não é uma coisa ou outra, mas as duas coisas ao mesmo tempo. Esperamos tão ansiosamente pela liberação de seu poder que olhamos atentamente para Ele até que se mova em nosso favor.

Esperar em Deus pode ser uma das mais difíceis de todas as disciplinas espirituais e, talvez, esse seja o motivo pelo qual tão poucos verdadeiramente a pratiquem.

Apenas sentar-se em sua presença e contemplar... pode ser agonizante para os que estão acostumados a ser bombardeamos com informações e estímulos. Deixamos de ficar atentos quando estamos esperando em Deus.

Mas Ele sabe disso e, então, em sua bondade, projeta cenários que nos ajudam a aprender como esperar nele. Quando avançamos e cruzamos o limiar do tédio, nos abrimos para as alegrias e aventuras da espera em Deus.

Para esperar em Deus com êxito, devemos passar mais tempo com Ele do que trabalhando para Ele. Quando estar com Deus nos satisfizer plenamente, conseguiremos esperar o quanto for necessário – desde que permaneça conosco.

Este é o motivo pelo qual Jesus pôde esperar para ministrar até completar trinta anos. Ele estava plenamente satisfeito com o relacionamento que tinha com o Pai, portanto, estava disposto a esperar mesmo estando pronto para ministrar muito antes desta idade. Acho que Jesus poderia ter esperado apenas até os dezenove anos para começar seu ministério, porque a presença e a afeição de seu Pai o tornaram completo.

Algumas das maiores garantias que as Escrituras oferecem àqueles que esperam em Deus são:

> Desde os tempos antigos ninguém ouviu, nenhum ouvido percebeu,
> e olho nenhum viu outro Deus, além de ti, que trabalha para aqueles que nele esperam. – Isaías 64.4

> Contudo, o Senhor espera o momento de ser bondoso com vocês;
> ele ainda se levantará para mostrar-lhes compaixão. Pois o Senhor

é Deus de justiça. Como são felizes todos os que nele esperam!" – Isaías 30.18

Com relação ao último versículo, certa vez ouvi um ensinamento: "Você está esperando por Deus, mas Deus está esperando por você!". Embora isso possa se aplicar em alguns casos, não se aplica a Isaías 30.18.

Quando o versículo diz "o SENHOR espera", não quer dizer que Deus está esperando que você faça algo. Quer dizer que Deus está estrategicamente retardando sua visitação milagrosa, porque tem mais coisas guardadas para entregar do que você pediu.

Mas para lhe dar a plenitude do que planejou para sua vida, Deus usará o período de espera para prepará-lo como um vaso e também às circunstâncias ao seu redor para que você possa entrar no clima certo quando a liberação de Deus for entregue. Ele está esperando para poder coroá-lo com mais bênçãos.

Atualmente está muito em moda o seguinte dizer: "É loucura continuar fazendo as mesmas coisas e esperar resultados diferentes". Embora essas palavras possam ser aplicadas em algumas situações, elas não se aplicam no que diz respeito a esperar em Deus.

Esperar em Deus é algo tão poderoso que o inimigo fará tudo o que for possível para dissuadi-lo de manter o foco. Ele falará que você está louco de continuar esperando em Deus em meio a circunstâncias adversas. Ele dirá que esperar em Deus não mudará nada.

Contudo, aqueles que conhecem os caminhos do Senhor têm consciência do testemunho de José: ainda que você possa esperar em Deus por muitos anos, por fim, chegará o dia em que Deus mudará tudo num piscar de olhos! A demora pode parecer uma eternidade até o Senhor agir, mas quando Ele age, pode mudar tudo em um único dia.

Um dos maiores incentivos de esperar em Deus é encontrado em

Salmos 104.4: "Faz... dos clarões reluzentes seus servos". A palavra original para "ministros" (*sharat*, em hebraico) fala de alguém que espera, que serve, ministra, atende. Portanto, *sharat* sugere intimidade, referindo-se àqueles servos que servem com muita proximidade ao rei. Eis o que Deus faz com seus ministros que esperam nele: os torna clarões reluzentes! Ele os acende com as paixões de seu coração e os inflama com zelo para com sua face e seu Reino. O zelo ardente de Deus nos capacita a esperar nele.

Alguns dos anjos mais poderosos de Deus, que ardem de zelo por Ele, são descritos no livro de Apocalipse como aqueles que se acham de pé diante dele – onde permanecem esperando por séculos – até o momento de Deus sinalizar sua liberação (Ap 8.2; 19.17). Eles ardem de zelo, por isso, podem esperar. Deus o está acendendo com suas paixões ardentes neste momento para que você possa esperar nele com uma paixão santa e êxtase fervoroso.

Guarde no coração o conselho do rei Davi que, após passar anos provando dessa verdade em sua própria vida, deixou um legado de sabedoria para todos os homens e mulheres seguirem. "Espere no SENHOR. Seja forte! Coragem! Espere no SENHOR" (Sl 27.14).

Capítulo 33

O SEGREDO DAS LÁGRIMAS

Um dos melhores presentes que você pode trazer para seu Rei é o da sinceridade absoluta. Estou falando sobre uma pureza de coração que diz: "Senhor, estou vindo diante de você, porque você realmente é o centro do meu universo. Você verdadeiramente é o motivo pelo qual eu vivo. Meu coração está total e plenamente em você". Nada ultrapassa o deleite de poder cantar louvores de total consagração com entrega absoluta.

Os sentimentos de sinceridade são rapidamente dissipados quando permitimos que a carne deixe nossa consciência pesada. Nenhum prazer terreno vale nossa consciência pesada. Os sentimentos de culpa surgem quando nos sentimos hipócritas perante o Senhor – quando desprezamos as propostas de Deus para gratificar os desejos da carne. Oh, que deleite quando podemos chegar confiadamente diante do trono de Deus com uma consciência limpa! Mesmo sem sermos perfeitos, apesar de lutarmos contra nossas fraquezas, nossos corações o alcançam com desejo ardente.

Denomino isso de "doce sinceridade". Essa sinceridade do coração acabou com o problema de uma vez por todas: Jesus verdadeiramente é o grande amor do meu coração. Essa sinceridade é "doce", porque quando você sabe que é totalmente sincero ao vir até Deus, sente a doçura de seu amor recíproco. Isso é "amor é sem hipocrisia" (Rm 12.9).

Eu me dei conta de que a presença de Deus fica mais forte quando anseio por Ele de todo o meu coração. Quando minha alma anseia por Ele com uma doce sinceridade, chegando até as lágrimas, minha consciência da reciprocidade do afeto de Deus aumenta.

O verdadeiro amor deve ser totalmente sincero, sem ser dividido nem adúltero. Esse é o motivo pelo qual devemos encontrar aquelas medidas que evocam nosso senso de doce sinceridade perante o Senhor. Agora, aqui está a beleza: quando o amor é sem hipocrisia, a doçura dessa sinceridade geralmente é acompanhada por lágrimas.

Dentre os sete salmos que se referem a lágrimas, três são atribuídos à pena de Davi. O homem que teve uma vida secreta absolutamente sincera com Deus foi um homem de lágrimas. Davi chorou: "Não te cales perante as minhas lágrimas" (Sl 39.12 – ACF). Suas lágrimas eram o endosso de sua sinceridade para com Deus. Obviamente, as lágrimas não são apenas para as mulheres.

Outro salmista expressou a sinceridade do seu choro mencionando suas lágrimas: "Minhas lágrimas têm sido o meu alimento de dia e de noite, pois me perguntam o tempo todo: 'Onde está o seu Deus?'" (Sl 42.3).

Há algo sobre as lágrimas que é puro e autêntico. Suponho que seja possível, no sentido técnico, forjar as lágrimas, como os atores aprendem a fazer. Mas vamos ser honestos acerca disso: ninguém consegue fingir lágrimas enquanto está orando. No lugar secreto, quando vêm, as lágrimas são sinceras ou então não vêm.

Portanto, a presença das lágrimas é uma declaração profunda para seu noivo que partiu. As lágrimas são palavras líquidas. As lágrimas dizem mais do que as palavras geralmente conseguem falar. Enquanto as palavras podem, às vezes, conter a máscara de banalidades artificiais, as lágrimas vêm diretamente do coração.

Já chorou? Você é abençoado. Você se esforça para chorar? Clame por isso, pois o Senhor atenderá seu clamor graciosamente.

Choramos porque desejamos ou porque estamos sofrendo; portanto, as lágrimas são a linguagem do desejo. Nós desejamos a Deus, chegando às lágrimas. Se perdermos esse desejo, Ele o cultivará dentro de nós, se afastando, aparentemente, em sua misericórdia. É a fome que nos deixa famintos; é a sede que nos deixa sedentos. A privação gera o desejo.

Não despreze a dor que produz as lágrimas. Derrame seu coração diante de Deus. Ele é um refúgio para nós. Aqueles que "amam muito" ainda lavam os pés do Senhor com as suas lágrimas (veja Lucas 7.36-48).

O choro e as lágrimas sempre chamaram a atenção de Deus. Davi compreendia isso quando escreveu: "Recolhe as minhas lágrimas em teu odre" (Sl 56.8). Deus não somente atenta para as nossas lágrimas, mas realmente as engarrafa e as guarda como um testemunho eterno em sua presença.

Há dois tipos de enfermidades na Bíblia que causam lágrimas. A primeira é mencionada em Provérbios 13.12: "A esperança que se retarda deixa o coração doente". Quando a esperança do livramento de Deus é adiada, o coração fica doente. Essa doença do coração produz um gemido das profundezas do espírito e é expressa em lágrimas. Essas são as lágrimas do coração partido e não são desprezadas por Deus. A pessoa desconsolada chora: "Oh, Deus, visite-me! Venha a mim com seu poder e cumpra a sua palavra em minha vida!".

A outra doença que gera lágrimas é vista em Cânticos dos Cânticos 5.8: "Ó mulheres de Jerusalém, eu as faço jurar: se encontrarem o meu amado, que dirão a ele? Digam-lhe que estou doente de amor!". Doença de amor é a consequência da autorrevelação restrita de nosso Deus, que se revela para nós obscuramente como se fosse através de um véu ou de um vidro escuro.

Quando o coração é despertado para a beleza do Rei e os olhos anseiam por contemplá-lo, mas Ele se revela em uma fração de sua plenitude, o santo fica doente de amor. A pessoa que está doente de amor clama: "Mostre-me sua glória, Senhor! Desejo vê-lo, desejo conhecê-lo!".

A doença do coração é o produto do poder não correspondido; a doença de amor é a consequência de um amor não correspondido. Davi falou sobre as duas paixões quando, durante os anos em que se escondeu no deserto, clamou: "Quero contemplar-te no santuário e avistar o teu poder e a tua glória" (Sl 63.2). O doente do coração chora: "Mostra-me sua mão!". O doente do amor chora: "Mostra-me sua face!".

Contaram-me a história de certo jovem que estava procurando um grande progresso em sua vida em uma determinada área. Depois de ter feito tudo o que sabia para ganhar o grande progresso espiritual, escreveu para o General William Booth (fundador do Exército da Salvação) pedindo-lhe conselho. O General respondeu duas palavras simples: "Tente lágrimas".

William Booth sabia o segredo. A câmara interna do orador ganha impulso a partir do poder líquido das lágrimas. Você anseia por uma realidade maior em seu caminhar com Deus? Tente as lágrimas.

Capítulo 34

O SEGREDO DA SANTIDADE

Quem poderá subir o monte do SENHOR? Quem poderá entrar no seu Santo Lugar? Aquele que tem as mãos limpas e o coração puro, que não recorre aos ídolos nem jura por deuses falsos.
– Salmos 24.3-4

SENHOR, quem habitará no teu santuário? Quem poderá morar no teu santo monte? Aquele que é íntegro em sua conduta e pratica o que é justo, que de coração fala a verdade.
– Salmos 15.1-2

Nada se compara ao privilégio quintessencial de ficar de pé diante do trono de Deus. Essa é a maior de todas as honras e o maior de todos os deleites. Os demônios invejam o favor que você tem com Deus e os anjos ficam perplexos com seu status na presença dele. Isso tudo porque você atendeu seu chamado para a santidade! Você purificou o seu coração, limpou suas mãos, aspergiu sua consciência com o sangue de Jesus e se aprontou com vestes brancas e ações de justiça.

O Senhor disse: "Somente quem tem vida íntegra me servirá" (Sl

101.6). Isso não se refere à perfeição sem pecado, mas a um estilo de vida inculpável que não está sujeito à censura ou crítica por aqueles que vivem perto de você. A recompensa desta consagração é a intimidade incrível de ficar de pé continuamente diante da presença de Deus. A busca da santidade não é um fardo, mas um profundo privilégio. A santidade com alegria é um dos segredos silenciosos do Reino – uma pureza do coração que abre caminho para os mais altos níveis de comunicação com Deus.

A santidade não é uma qualidade inerente que carregamos; é uma qualidade derivada do que nos tornamos. A santidade tem somente uma fonte, o Santo. A santidade está associada à proximidade com o trono. Os serafins são chamados de "santos" não por causa de quem são, mas por causa de onde estão. Eles são "santos" porque vivem na presença imediata do Santo! Sou santo somente de acordo com o grau de minha permanência em sua santa presença.

Eu costumava definir santidade mais pelo que nós não fazemos, mas agora defino mais pelo que fazemos. A santidade é encontrada ao nos aproximarmos do fogo santo da Trindade, onde qualquer coisa impura é queimada como restolho, e tudo o que é santo é incendiado e fica ainda mais quente.

"O SENHOR Deus é sol" (Sl 84.11). Como meu sol, o Senhor é minha luz, meu calor, aquele em torno do qual minha vida gira. Ele é quem produz fruto no jardim de minha vida, seu Espírito a rega, sua Palavra a nutre e sua face é o poder que faz com que o fruto do meu jardim cresça. Como um planeta gira em torno do sol, desejo que minha vida gire em torno de Cristo. Desejo ser um planeta, não um cometa que faz uma breve aparição a cada 300 anos para depois retornar à escuridão. E eu não quero orbitar na extremidade mais distante. Desejo estar próximo – ardendo com o mesmo fogo santo que irradia da face de Deus.

Para compreender a santidade, primeiramente precisamos olhar para

Espírito Santo na Bíblia. Bem no início, a terceira pessoa da Trindade era chamada de "o Espírito de Deus" (Gn 1.2). Ele nunca foi revelado como o Espírito Santo até o mais infeliz incidente na vida de um homem notável. Davi recebeu uma grande unção do Espírito e, como um salmista profético, viveu na dimensão do Espírito. (Ele escreveu o Salmo 24 e o Salmo 15, mencionados no início deste capítulo.)

Mas Davi caiu gravemente em pecado. Ele cometeu adultério com a esposa de seu vizinho e, em seguida, o assassinou. Movido pelo medo, ele iniciou uma campanha de acobertamento para ocultar o seu pecado. Mas durante esse período de negação, algo terrível aconteceu com ele – o Espírito de Deus saiu de sua vida. Ele estava acostumado a ter as canções do Espírito fluindo de dentro dele, mas esse fluxo parou. Sua vida de oração se tornou banal e frustrante. Ele sabia que algo estava terrivelmente errado. Então, veio o profeta Natã que lhe falou claramente sobre seu pecado.

Quando Davi se arrependeu, ele reconheceu que tinha perdido a presença do Espírito de Deus que tinha se tornado tão preciosa e tão satisfatória para ele. Ansioso por voltar a ter a antiga intimidade com Deus, Davi implorou: "Não me expulses da tua presença, nem tires de mim o teu Santo Espírito" (Sl 51.11).

Esse foi o clamor desesperado de um homem que aprendeu com sua própria experiência que o Espírito de Deus, acima de tudo, é santo. Ele habita somente naqueles cujos corações são voltados para a santidade. Os homens santos vivem na presença do Espírito Santo. Uma vez conhecida essa intimidade, você percebe que não vale perdê-la por nada.

A santidade é muito mais que simplesmente viver com pureza. Santidade é uma vida vivida diante do trono de Deus. As Escrituras dizem de João Batista: "Herodes temia João e o protegia, sabendo que ele era um homem justo e santo" (Mc 6.20). João não era apenas (puro). Ele era muito mais do que isso, ele também era santo. Ele era separado para Deus, carregava a presença de Deus, um homem de viver celeste na terra. João vivia na presença de Deus – motivo pelo qual Jesus o chamou de "uma candeia que "queimava e irradiava luz" (Jo 5.35). Somente homens santos fazem com que um rei tema. Ele não era apenas puro, mas também ardia a chama que emanava de sua permanência fervorosa ao redor do trono.

A santidade está para a oração como o fogo está para a gasolina. Quando um homem ou mulher santa ora, coisas explosivas acontecem. Não buscamos santidade visando o poder, buscamos a santidade visando o amor. Mas aqueles que buscam santidade por amor a Jesus tornam-se muitos influentes nas cortes do céu.

Tiago 5.16 associa santidade e oração: "A oração de um justo é poderosa e eficaz". As coisas mudam na terra quando um homem ou uma mulher santa, com uma vida secreta cultivada em Deus, ora com paixão e urgência ao Senhor para que venha a conhecê-lo e amá-lo.

Deus é tão comprometido em nos conduzir à santidade que está disposto a fazer "o que for necessário" para nos levar até ela. A Bíblia ressalta que o objetivo principal da disciplina de Deus em nossas vidas é "que participemos da sua santidade" (Hb 12.10).

Se reagirmos devidamente às disciplinas de Deus, elas inevitavelmente nos levarão através do caminho do arrependimento à verdadeira santidade. A princípio, quando recebemos as disciplinas, parece que Deus está querendo nos matar. Porém, se perseverarmos em amor, a crucificação e o enterro serão seguidos pela ressurreição!

Quero concluir este capítulo com esta poderosa verdade: santidade gera ressurreição. Tão certamente quanto a disciplina gera fraqueza e quebrantamento, a santidade gera ressurreição, libertação e cura.

O Senhor Jesus "mediante o Espírito de santidade foi declarado Filho de Deus com poder, pela sua ressurreição dentre os mortos" (Rm 1.4). Em outras palavras, foi a santidade de Jesus que possibilitou sua ressurreição.

Essa verdade foi profetizada por Davi: "Porque tu não me abandonarás no sepulcro nem permitirás que o teu santo sofra decomposição" (Sl 16.10). O versículo se aplica inicialmente a Davi, que foi disciplinado por Deus quase a ponto de morrer, mas então foi ressuscitado por causa de sua santidade. Mas isso é, efetivamente, o Espírito Santo falando de Jesus Cristo, que não viu corrupção. O corpo de Jesus experimentou o *rigor mortis*, mas nunca experimentou corrupção, porque Ele ressuscitou antes de se decompor.

Isso se aplicou a Davi e a Jesus e também se aplica a você! Você não pode manter a santidade enterrada para sempre. Ainda que você se sinta morto e enterrado sob o peso da mão disciplinadora de Deus, dedique-se a estar na sua presença santa. Independentemente de seus sonhos destruídos e esperanças adiadas, more no abrigo (lugar secreto) do Altíssimo. É o segredo de sua redenção. À medida que o ama de sua sepultura, você passa a mover forças espirituais poderosas.

José foi enterrado na prisão, mas por causa de sua santidade não puderam mantê-lo lá para sempre. Quanto mais você mantiver um homem santo enterrado, mais força precisará ser exercida para mantê-lo enterrado, e sua ressurreição ocorrerá no nível mais alto. Mantiveram José enterrado por um período prolongado e ele ressurgiu nos níveis mais altos do palácio.

A sepultura conseguiu manter o Santo somente até o início do terceiro dia. As garras da morte se abriram e a Santidade surgiu no lugar mais alto:

> Por isso Deus o exaltou à mais alta posição e lhe deu o nome que está acima de todo nome, para que ao nome de Jesus se dobre todo joelho, nos céus, na terra e debaixo da terra, e toda língua confesse que Jesus Cristo é o Senhor, para a glória de Deus Pai. – Filipenses 2.9-11

Pratique a santidade de estar na presença de Deus, ó santo cansado. É inevitável – a santidade ressurgirá!

Capítulo 35

O SEGREDO DE REFINAR OURO NO FOGO

Dou-lhe este conselho: Compre de mim ouro refinado no fogo, e você se tornará rico. – Apocalipse 3.18

Qual é o ouro que nos enriquece? É o ouro do caráter divino produzido autenticamente; é a semelhança de Cristo. Todos nós desejamos nos amoldar cada vez mais à semelhança de Jesus, mas não existe um jeito fácil de ficar mais semelhante a Cristo. O caráter divino não é dado a nós; nós o compramos. Nós o compramos sem o dinheiro terreno mas, ainda assim, pagamos um preço alto.

Para desmistificar isso, deixe-me descrever claramente o processo pelo qual compramos "ouro refinado no fogo". Primeiramente vem o fogo. Por fogo, estou querendo dizer tribulação ou aflição, sofrimento, calamidade, perseguição. Nos últimos dias sobrevirá uma grande escalada de fogo. Você não terá que pensar ou imaginar se está no fogo. Quando o fogo sobrevier em sua vida, você saberá!

Você perderá o controle, os níveis de sua dor aumentarão drasticamente e o seu desespero por Deus será intensificado. Sua carne desejará entrar em colapso e desistir, mas como seu espírito estará avivado para as belezas de Cristo, o fogo será usado por Deus para aproximá-lo de Cristo como nunca antes. Em vez de desistir, você correrá com mais determinação ainda! Sua fonte primária de sanidade em meio ao fogo será seu lugar secreto, onde o Espírito refrigerará sua alma torturada e a Palavra sustentará sua esperança e sua fé.

À medida que você se voltar para a Palavra em meio ao fogo, ela começará a ler sua correspondência. Ela localizará você. Ela desenhará uma linha reta em sua vida e você começará a ver áreas em seu coração e alma que estão fora de alinhamento com os propósitos e vontade de Deus.

Assim que você enxergar essas coisas, ficará tão desesperado por Deus que alegre e diligentemente se acertará com Ele, se arrependendo e considerando profundamente como mudar e adotar novos padrões de pensamento, comportamento e motivação. Assim que promover as mudanças que o Espírito de Deus inspirar dentro de você, estará efetivamente se tornando mais parecido com Jesus. Ou falando em outras palavras, você estará comprando ouro refinado no fogo.

É comum dizer que "compramos" esse ouro porque o preço é muito alto. O preço é a perseverança. Se continuarmos nos voltando para Deus no lugar secreto – quando nossas pernas estiverem gritando que não podem dar mais nenhum passo e quando nossos pulmões estiverem gritando para o diminuirmos – então compraremos esse ouro. Seremos transformados à imagem de Cristo em meio ao fogo. Perderemos coisas neste processo, mas o que ganharemos será tão precioso que consideraremos tudo o que perdemos como esterco (Fp 3.8).

Quando você estiver no fogo, será importante a maneira como virá até a Palavra. Antes de o fogo me atingir, vinha à Palavra para encontrar um bom alimento para o rebanho que eu estava pastoreando, mas depois que o fogo sobreveio em minha vida passei a ir até a Palavra para me alimentar.

Tiago 1.22-25 compara a Palavra de Deus a um espelho. Usamos a Palavra de Deus adequadamente quando vamos até ela e a deixamos refletir as coisas que precisamos enxergar e mudar em nós mesmos. A Palavra não foi criada para virmos até ela por causa de outras pessoas. Ela foi escrita para que pudéssemos olhar para nós mesmos, enxergar os padrões de Jesus refletidos e nos sujeitarmos à transformação viabilizada pelo Espírito Santo.

O fogo tem um jeito de transformá-lo em praticante da Palavra e não apenas ouvinte. Você fica desesperado pela Palavra de Deus e, quando a lê, agarra-se a ela como a própria fonte de sua vida. Quando o fogo atinge sua vida, sua preocupação deixa de ser se seu vizinho está olhando no espelho da Palavra e se esquecendo. Sua preocupação passa a ser basicamente olhar para a Palavra e não se esquecer dela.

Mas, então, alguma coisa incrível acontece. Quando você compartilha com outras pessoas como a Palavra refletiu suas falhas e como você se tornou um praticante da Palavra em meio ao fogo, seu testemunho terá um efeito profundo em seus ouvintes. As pessoas serão alimentadas pelo testemunho do que o alimentou.

O lugar secreto é a única maneira de você sobreviver ao fogo. O segredo é: quando a Palavra de Deus flui em você, não permite apenas que você sobreviva mas o capacita a superar e a comprar um tesouro eterno. O lugar secreto é o caixa eletrônico de Deus, o lugar onde você ganha acesso aos cofres do céu.

Deus tem uma grande compreensão desse poderoso segredinho, motivo pelo qual é bastante misericordioso para enviar o fogo em resposta as suas orações. Se clamar do fundo de sua alma, Ele enviará, com precisão, o tipo certo de fogo que você precisa neste momento de sua jornada. Esse fogo o levará ao espelho de sua Palavra de forma que você poderá começar a comprar o ouro de um "caráter refinado" no fogo.

Apenas o fato de ler atentamente este livro já está produzindo algo em você. Você está sendo preenchido com esperança e energizado com um propósito novo. Você está ganhando ânimo renovado para se voltar para Deus. Seu caminhar débil e seu agir enfraquecido estão sendo revigorados e você está ganhando um novo estímulo em sua busca por Deus. Você está recebendo isso. Você está correndo para o lugar secreto!

Capítulo 36

O SEGREDO DE CONVIDAR O SENHOR PARA CONTEMPLÁ-LO

O Senhor está no seu santo templo; o Senhor tem o seu trono nos céus. Seus olhos observam; seus olhos examinam os filhos dos homens. O Senhor prova o justo, mas o ímpio e a quem ama a injustiça, a sua alma odeia. Sobre os ímpios ele fará chover brasas ardentes e enxofre incandescente; vento ressecante é o que terão. Pois o Senhor é justo, e ama a justiça; os retos verão a sua face. – Salmos 11.4-7

Deus escrutina a raça humana com intensidade de foco. Ele cuida intensamente de nós e se preocupa conosco. Ele estuda nossas reações e pondera nossas atitudes. Ele está, essencialmente, preocupado com o nosso bem-estar e comprometido em nos julgar justamente por cada palavra e ação.

Nós não podemos fazer nada para evitar sua observação; entretanto, é possível convidá-lo para atentar, ainda mais, para nossas vidas. Por que desejaríamos isso? Simplesmente porque sua contemplação é reflexo de seu favor. A passagem do início do capítulo diz que "os retos verão a sua face" e você pode substituir a palavra "face" por "favor" (veja Salmos 44.3). Ele olha com favor para os justos. Colocando de outra maneira, se Ele gosta de você, olha para você.

O Senhor nos disse: "A este eu estimo: ao humilde e contrito de espírito, que treme diante da minha palavra" (Is 66.2). Quando leio essas palavras meu coração bate forte dentro de mim: "Esse sou eu, Senhor. Sou humilde e contrito de espírito e tremo diante de sua Palavra. Que o Senhor me estime desta maneira!".

Deus está em uma busca santa. "Pois os olhos do SENHOR estão atentos sobre toda a terra para fortalecer aqueles que lhe dedicam totalmente o coração" (2Cr 16.9). Deus procura pessoas com retidão e que lhe dediquem totalmente o coração. Quando Ele encontra, seus olhos param de procurar e se dirigem com grande fascínio e entusiasmo para quem o ama com tanta devoção.

Aqueles que passam por esse intenso escrutínio ganham grande favor do Senhor. Ele libera porções abundantes de misericórdia, fé, graça, compaixão, revelação, sabedoria, poder e livramento para aqueles que lhe dedicam totalmente o coração.

Cristãos sábios – aqueles que valorizam os verdadeiros tesouros do Reino – têm ansiedade por este tipo de atenção. Eles ficam de pé, acenam e gritam: "Aqui, Senhor, estou bem aqui! Venha, Senhor, e lance teus olhos em mim!". Retirar-se para o lugar secreto é como pintar um grande alvo no seu peito. Você está fazendo uma declaração para os céus: "Senhor, eis-me aqui. Tenha misericórdia de mim e me visite. Levante a luz do seu rosto e lance os teus olhos sobre mim, Senhor!".

Agora, a parte difícil: o favor de Deus vem acompanhado de seu fogo. Quando Ele olha para favorecê-lo, são com olhos de fogo. Seus olhos ardentes podem apenas testá-lo. O fogo de Deus é reconfortante e ardente, mas também é calculadamente volátil e perigosamente consumidor.

Quando o fogo de Deus explode em sua vida, você pode descansar com a garantia de que Ele está observando-o muito de perto. Ele está olhando de soslaio para você, buscando-o com suas pálpebras, testando cada reação sua. Ele está testando você para ver se o seu coração permanecerá leal a Ele durante o escrutínio. Se você perseverar, Ele planeja fortalecê-lo (2Cr 16.9).

O cristão que estiver em meio a esse fogo e começar a desistir, poderá parecer ambivalente. Primeiro, ele clama: "Sonda-me, ó Deus, e conhece o meu coração; prova-me, e conhece as minhas inquietações" (Sl 139.23). Mas quando o fogo de Deus o atinge – nooooossa! Rapidamente ele muda a sintonia e sua oração se torna mais parecida com a de Jó:

> Que é o homem, para que lhe dês importância e atenção para que o examines a cada manhã e o proves a cada instante? Nunca desviarás de mim o teu olhar? Nunca me deixarás a sós, nem por um instante? Se pequei, que mal te causei, ó tu que vigias os homens? Por que me tornaste teu alvo? Acaso tornei-me um fardo para ti? – Jó 7.17-20

Desejamos o olhar atento de Deus, mas quando conseguimos, deixamos de querer! "Você não vai desviar os olhos de mim nem por um segundo?" Entretanto, o Senhor é paciente conosco e nos dá tempo para processarmos e nos ajustarmos. Com o decorrer do tempo, aos poucos, o cristão começa a perceber que a alternativa é bem pior.

Oh, o horror de Deus tirar os olhos de nós! Foi uma declaração terrível de julgamento quando Deus disse: "Esconderei o meu rosto deles" (Dt 32.20). Senhor, não podemos sequer imaginar essa escuridão! Não, Senhor, não se afaste de nós! Ainda que isso signifique o fogo dos seus olhos, olhe para nós com seu favor. Nossos corações estão realmente retornando para a primeira oração sincera que fizemos no começo. Olhe para nós, nos visite, venha até nós, ó fogo consumidor!

Fiz uma doce meditação ao considerar a intensa concentração de atenção por parte de Deus em nossas vidas. Ele fica mais focado em mim, apesar de estar entre bilhões de pessoas, do que eu poderia estar focado nele. Quando minha mente desvia-se de um foco consciente do Senhor e fico distraído com os afazeres do dia-a-dia, ao voltar meus pensamentos para Cristo me vem a seguinte percepção incrível: Ele estava lá o tempo todo esperando meus pensamento se voltarem para Ele! Ele nunca fica desconectado de mim ou distraído em relação à minha pessoa nem mesmo por uma fração de segundo.

No momento em que meu pensamento se volta para Ele, seu Espírito imediatamente se conecta com o meu espírito e nossa comunhão continua intacta. Esta verdade me causa temor! Ele nunca para de pensar em mim: "Como são preciosos para mim os teus pensamentos, ó Deus! Como é grande a soma deles! Se eu os contasse, seriam mais do que os grãos de areia" (Sl 139.18); "Pensamentos de paz, e não de mal, para vos dar o fim que desejais" (Jr 29.11 – ACF).

Esse conhecimento é maravilhoso demais para mim:

> Olharei favoravelmente para eles, e não os trarei de volta a esta terra. Eu os edificarei e não os derrubarei; eu os plantarei e não os arrancarei. – Jeremias 24.6

O que é possível dizer diante de tamanha bondade do Senhor? Eis aqui minha singela oração: "Volta-te para mim e tem misericórdia de mim, como sempre fazes aos que amam o teu nome" (Sl 119.132).

Há um lugar de rica afeição onde, no silêncio de nosso jardim, invocamos o olhar de nosso Amado. O segredo deste capítulo está encerrado exatamente aqui. Temos conhecimento, compreendemos o que estamos dizendo, mas fazemos isso de qualquer maneira.

Fixe seus olhos em mim, meu Amado! Esse coração resoluto recebe sua resposta extravagante: "Você fez disparar o meu coração, minha irmã, minha noiva; fez disparar o meu coração com um simples olhar" (Ct 4.9).

Olhos fechados, corações queimando... este é o lugar secreto.

Capítulo 37

O SEGREDO DA CRUZ

Salmos 91.1 aponta diretamente para a cruz de Jesus Cristo: "Aquele que habita no abrigo do Altíssimo e descansa à sombra do Todo-poderoso". Você não pode estar mais perto da sombra do Deus Todo-poderoso do que quando está crucificado na cruz. A sombra da cruz é o lar do santo.

A cruz é o lugar mais seguro da terra. É onde os ventos mais violentos açoitam sua alma, mas também onde você usufrui da maior imunidade contra os artifícios de Satanás. Ao abraçar a cruz, você está morrendo para cada mecanismo em sua alma que Satanás pode usar contra você. A mais intensa dor produz a mais alta liberdade. Não há estratégia contra santos crucificados, porque eles não amam sua vida mesmo sob o risco de morte.

Precisamos retornar à cruz intencional e continuamente. Sabemos que estamos crucificados com Cristo (Gl 2.20), mas o *eu* tem um caminho misterioso de sair aos poucos da cruz e se firmar. A crucificação da própria vida não é uma conquista, mas um processo: morremos diariamente (1Co 15.31). O jardim de oração do Getsêmani preparou Jesus para abraçar sua cruz. O lugar secreto é onde reiteramos nosso "sim" ao Pai para sofrermos segundo a vontade dele.

Em nossa peregrinação diária ao lugar secreto, abraçamos sua dura cruz, olhamos para suas feridas e mais uma vez morremos para nós mesmos. Aceitamos os cravos em nossas mãos que diminuem nossa liberdade, e nos rendemos aos cravos de nossos pés que nos imobilizam e restringem nossas opções. Permitimos sofrer em nosso corpo para romper com o pecado (1Pe 4.1). Com dignidade, temos a honra de completar em nosso corpo o que resta das aflições de Cristo (Cl 1.24).

Muitas pessoas enxergam a cruz como lugar de dor e restrição, e isso é verdade. Mas ela é muito mais que isso. A cruz é o lugar do amor absoluto. A cruz é o Pai dizendo ao mundo: "Eu os amo de tal maneira!". A cruz é o Filho dizendo ao Pai: "Isso é o quanto eu o amo!". E a cruz é a noiva dizendo para o noivo: "Isso é o quanto eu o amo!".

A cruz é a paixão consumada e derramada. Quando Jesus nos chama para compartilhar sua cruz, nos convida para o mais alto nível de intimidade. O madeiro que prende suas mãos, agora prende as nossas. Os cravos que prendem seus pés, para cumprir a vontade de Deus, cruzam o cravo que prende nossos pés para cumprir aquela mesma vontade. Ali estão penduradas duas pessoas que se amam em lados opostos de uma mesma cruz. Nossos corações quase se tocam, exceto pela madeira que nos separa. Esse é o nosso leito de casamento. "Aqui entrego a ti o meu amor."

Assim que você se pendura na cruz com Ele, ainda que sua visão esteja nublada e não possa ver seu rosto, se prestar atenção ouvirá a sua voz. Com sete palavras Ele o guiará pela escuridão de sua alma.

Pai, perdoa-lhes, pois não sabem o que estão fazendo. – Lucas 23.34

Jesus começa mostrando o caminho do perdão para aqueles que erraram com você. Este será seu primeiro grande obstáculo que deverá ser superado, pois você foi realmente violado. Você foi ferido na casa de seus amigos (Zc 13.6). Porém, o perdão é a única maneira de você avançar em direção aos propósitos de Deus.

> Eu lhe garanto: Hoje você estará comigo no paraíso. – Lucas 23.43

Enquanto você agoniza, o Senhor garante que seu nome está escrito no céu e somente por isso você pode se regozijar. A certeza de sua companhia eterna o carrega neste momento.

> Quando Jesus viu sua mãe ali, e, perto dela, o discípulo a quem ele amava, disse à sua mãe: Aí está o seu filho, e ao discípulo: Aí está a sua mãe. – João 19.26-27

Jesus fala à igreja (representada pela mulher), quando está sofrendo, para olhar para você: "Aí está o seu filho!". Outros cristãos olharão para você com reprovação, sem compreender, perplexos e carregados de julgamentos internos.

E, então, Ele diz para você: "Aí está a sua mãe, a igreja". Este é o momento de você olhar para a igreja e vê-la como nunca a viu antes. Você ganhará grande sabedoria nesse período, se aceitá-la sem nenhuma raiz de amargura em seu coração. O que você vê agora ajudará quando for servi-la no futuro.

> Meu Deus! Meu Deus! Por que me abandonaste? – Mateus 27.46

Você acabou de suportar três horas de silêncio de Jesus na cruz, na escuridão. Agora, Jesus se dirige a você com esta oração de abandono. Você está clamando a Deus de toda a sua alma. Você pergunta o porquê de tudo. Embora tenha consciência de que Deus está tão perto de você, parece que

Ele o abandonou. O mais alto nível de intimidade combinado com o mais profundo abandono. Você não compreende o motivo pelo qual a provação severa parece interminável.

"Tenho sede." – João 19.28

Em vez de amaldiçoar a Deus em sua escuridão, você tem sede dele e anseia por Ele mais do que nunca! Você sobreviveu à crucificação e ficou até o fim e diz que ainda o deseja, que o Senhor é a sua própria vida!

"Está consumado!" – João 19.30

Este é o momento pelo qual estava ansiando, o momento em que Jesus indicaria que sua provação estava concluída, consumada. A obra que Deus planejara no calvário está concluída.

"Pai, nas tuas mãos entrego o meu espírito." – Lucas 23.46

Jesus gentilmente treina você para entregar-se completamente nas mãos do seu amado Pai. Assim que você entrega sua vida, Ele pega a profunda morte que operou em você e a transforma em ressurreição. Você se une a Cristo em sua morte, seu enterro e em sua ressurreição!

Afeição inigualável está reservada para aqueles que compartilham esta cruz com seu Amado. Este é o lugar secreto. Aqui são trocadas as paixões insondáveis do Eterno Deus com o seu parceiro escolhido. "Ninguém tem maior amor do que aquele que dá a sua vida pelos seus amigos" (Jo 15.13). Ele compartilha sua vida, sua morte e sua ressurreição. "Se dessa forma fomos unidos a ele na semelhança da sua morte, certamente o seremos também na semelhança da sua ressurreição" (Rm 6.5).

Eles fazem tudo isso juntos. Nada pode separar os dois – nem a morte nem a vida, nem a altura nem a profundidade. Seus corações estão eternamente entrelaçados (vinculados) na história de paixão do universo. "Eu sou do meu amado, e o meu amado é meu" (Ct 6.3). Esse é um amor extravagante – inteiro – pois a cruz capacita a entrega total. Cada "sim" deste lugar secreto abastece uma troca renovada de devoção exclusiva. Tudo por amor!

Venha para o monte desolado da crucificação. Diga "sim" mais uma vez. Sinta a câimbra, suspire e gema. Una-se ao seu Salvador sofredor. Beba do seu cálice, todo ele, e descubra o segredo do amor eterno à sombra do Todo-poderoso.

Desejo estar à sombra da cruz do Salvador;
Nenhum fulgor anseio senão o da face do meu Senhor.
Contente em viver longe das ambições e conquistas deste mundo,
A não tomar conhecimento nem de ganho nem de perda.
Minha natureza pecaminosa, minha única vergonha;
Minha única glória, a cruz.

Elizabeth C. Clephane

Capítulo 38

O SEGREDO DO DESCANSO

Jesus lhes disse: "Venham comigo para um lugar deserto e descansem um pouco". – Marcos 6.31

A jornada torna-se longa para todos. Cada um de nós, sem exceção, precisa encontrar aquele lugar para se isolar e ser renovado no lugar de descanso.

Jesus disse que veio para nos dar descanso (Mt 11.28) e, ainda assim, nós, os cristãos, somos as pessoas mais cansadas da face da terra. Hebreus 4 afirma claramente que ainda há um descanso para o povo de Deus, porém ele tem uma grande chance de perdê-lo. O descanso de Deus está disponível, mas não está garantido. Há algo que precisamos fazer para entrar neste descanso (Hb 4.11).

Aqueles que negligenciam o lugar secreto sempre parecem lutar contra o sofrimento e as demandas diárias. Suas vidas tendem a uma constante agitação de atividade incessante. Jesus planejou que haveria uma parte do dia em que nós apenas PARARÍAMOS. Parar o ritmo frenético, sair do círculo vicioso e acalmar os nossos corações no amor de Deus.

O descanso de Deus é descoberto por meio de uma busca diligente do lugar secreto. O descanso de Deus pode ser encontrado somente quando cessamos todas as nossas atividades e aprendemos a apenas "ficar" na presença do Senhor (Hb 4.10). Esta é a nossa fonte de rejuvenescimento, revitalização, revigoramento e renovação.

Deus instituiu o sábado (um dia de descanso dentre sete) por vários motivos, mas um dos mais importantes é encontrado em Êxodo 31.13: "Diga aos israelitas que guardem os meus sábados. Isso será um sinal entre mim e vocês, geração após geração, a fim de que saibam que eu sou o Senhor, que os santifica".

Deus estava dizendo:

"Quando você separa um dia da semana para me adorar e descansar, você é uma fragrância para mim, separado (santificado) de todas as pessoas da terra. Todas as outras pessoas trabalham duro, sete dias por semana, tentando obter sucesso e conquistar seu próprio quinhão na vida. Mas você é diferente. Você tem fé para acreditar que posso abençoar você mais em seis dias de trabalho do que o gentio pode obter em sete dias. O fato de você honrar o sábado é prova de que crê em minha provisão e é uma linda veste que o separa dos esforços de todas as outras pessoas da terra. Seu descanso em minha benignidade o torna belo aos meus olhos!"

O sábado está para a semana como o lugar secreto está para o dia. O que eu quero dizer é: mesmo que o sábado tenha sido o dia indicado para descanso no curso de uma semana de trabalho duro, o lugar secreto é um lugar indicado de descanso no curso de um dia de trabalho. Nosso compromisso com o lugar secreto nos separa (nos santifica) diante de Deus em relação ao incrédulo que não honra a Deus em nenhum momento de seu dia.

Quando tiramos uma hora para ter comunhão com nosso Senhor e sermos renovados em seu descanso, demonstramos nossa fé. Assim, confirmamos que Deus pode nos capacitar a ser mais eficientes nas 23 horas de serviço cheios do Espírito Santo do que os gentios nas 24 horas que têm sem sua presença habitando dentro deles.

O que poderia ser mais energizante no decorrer de um dia de trabalho do que parar e contemplar a glória da majestade do Deus entronizado? Veja o efeito que esse hábito glorioso tem sobre os seres vivos na sala do trono do céu: "Cada um deles tinha seis asas e era cheio de olhos, tanto ao redor como por baixo das asas. Dia e noite repetem sem cessar: "Santo, santo, santo é o Senhor, o Deus todo-poderoso, que era, que é e que há de vir" (Ap 4.8).

Como eles não descansam? Eles nunca ficam cansados? Não, eles não ficam cansados de contemplar a beleza do Senhor, pois estão vivendo no lugar de rejuvenescimento eterno. Em vez de ficarem cansados por culturarem a Deus, na verdade eles ficam energizados e são vivificados por isso.

Eles amam este segredo. Tomara Deus que venhamos a aprendê-lo! É a compreensão de que passar tempo na presença de Deus não diminui nossa produtividade na vida. Ao contrário, essa conduta torna-se a fonte da qual flui eficiência e frutos viabilizados pelo Espírito Santo. Esse é o único lugar de verdadeiro descanso.

Obrigado, Senhor, por fornecer um caminho para entregarmos os fardos e os estresses do dia-a-dia e sermos renovados em sua presença. Obrigado pelo privilégio de queimar com afeição ardente diante da glória de seu inefável esplendor. Obrigado pelo descanso que nos capacita a terminar a maratona.

Obrigado, Senhor, pelo lugar secreto.

Parte IV

BUSCANDO UM RELACIONAMENTO MAIS PROFUNDO

Na Parte III vimos os segredos que nos capacitam a perseverar até o fim da corrida. E agora chegamos à melhor parte deste livro! Nesta seção final, exploraremos as valiosas verdades que têm o potencial de nos despertar para novas dimensões de intimidade com Jesus Cristo.

Parte IV

BUSCANDO UM ENTENDIMENTO MAIS PROFUNDO

Capítulo 39

O SEGREDO DE BUSCAR AS VERDADEIRAS RIQUEZAS

O espírito de sabedoria nos deu o melhor conselho, escondido silenciosamente no livro de Provérbios:

> Procure obter sabedoria e entendimento... Procure obter sabedoria; use tudo o que você possui para adquirir entendimento.
> – Provérbios 4.5,7

O lugar secreto é buscado por aqueles que visam o tesouro espiritual. O tempo gasto em qualquer outro lugar pode nos capacitar a ganhar riquezas no plano terreno, mas a partir de uma perspectiva eterna há coisas que valorizamos muito mais, como sabedoria, entendimento e conhecimento de Cristo. Pessoas sábias buscam a Deus!

Quando buscamos "ter sabedoria" estamos buscando o próprio Jesus, porque a sabedoria é uma Pessoa (1Co 1.30). Também estamos buscando a plenitude do Espírito Santo, pois a sabedoria é um Espírito (Is 11.2).

José e Daniel são bons exemplos de homens que, através de sua busca pelo Espírito Santo, demonstraram essa notável sabedoria que fez com que os maiores reis da terra os escolhessem para seus conselheiros (Gn 41.38; Dn 5.11). Eles descobriram que a verdadeira sabedoria é valorizada acima do ouro e da prata.

Mas o que significa ser uma pessoa de sabedoria e entendimento? A resposta está em Salmos 14.2: "O Senhor olha dos céus para os filhos dos homens, para ver se há alguém que tenha entendimento, alguém que busque a Deus". As últimas duas frases deste versículo são um "paralelismo hebraico". Em outras palavras, as duas frases significam exatamente a mesma coisa.

"Alguém que tenha entendimento" significa a mesma coisa que "alguém que busque a Deus". Portanto, "entender" significa "buscar a Deus". As pessoas de entendimento buscam a Deus. Até mesmo as pessoas com pouca inteligência se dedicarão a uma busca intensa de Deus. As pessoas que não buscam a Deus, simplesmente não conseguem obter sabedoria. Elas são obtusas, passando-se por tolas (Sl 14.1).

As pessoas com entendimento – aquelas que buscam a Deus – têm compreensão sobre a natureza do verdadeiro tesouro espiritual. O sábio sabe onde o "dinheiro real" está! Ao examinar o que Jesus quis dizer por "verdadeiras riquezas", espero que eu consiga impulsionar seu coração a buscar as maiores riquezas do Reino.

Jesus fala sobre essas "verdadeiras riquezas" quando diz: "Assim, se vocês não forem dignos de confiança em lidar com as riquezas deste mundo ímpio, quem lhes confiará as verdadeiras riquezas?" (Lc 16.11). Nos versículos adjacentes, Jesus está chamando seus seguidores de responsáveis pela administração dos recursos financeiros. Ele está dizendo que se não formos encontrados fiéis ao lidar com nosso dinheiro terreno, então Deus não nos confiará as verdadeiras riquezas.

Portanto, a questão é: quais são estas "verdadeiras riquezas"? São posições de influência e eficiência ministerial? Estão encarregadas de supervisio-nar as almas humanas eternamente preciosas? Essas respostas detêm porções de verdade, mas não são as respostas mais acertadas.

A resposta correta é encontrada posteriormente no Novo Testamento, quando Paulo escreveu sob inspiração divina: "Pois Deus, que disse: 'Das trevas resplandeça a luz', ele mesmo brilhou em nossos corações, para iluminação do conhecimento da glória de Deus na face de Cristo. Mas temos esse tesouro em vasos de barro, para mostrar que este poder que a tudo excede provém de Deus, e não de nós" (2Co 4.6-7).

Então, qual é o "tesouro" a que Paulo se refere? É a "iluminação do conhecimento da glória de Deus na face de Cristo". Colocando de uma forma simples, "o tesouro é o conhecimento de Cristo". Isso é afirmado em Colossenses 2.3 quando Paulo, falando de Cristo, escreveu: "Nele estão escondidos todos os tesouros da sabedoria e do conhecimento". Então, as "verdadeiras riquezas" de Lucas 16.11 são a sabedoria e o entendimento de Cristo.

Jesus despreza as riquezas terrenas, mas exalta as verdadeiras riquezas eternas de conhecer a Deus. Quando somos fiéis com o dinheiro terreno, nos qualificamos para a revelação da beleza do glorioso Filho de Deus, o Homem Jesus Cristo.

As verdadeiras riquezas são a sabedoria, o conhecimento e o entendimento de Deus Pai, Deus Filho e Deus Espírito Santo. Se tivermos ao menos um mínimo de senso dentro de nós, buscaremos o conhecimento de Deus com intensidade.

E é exatamente aqui que o lugar secreto entra! É aqui – com a Palavra aberta diante de nós, com os corações enternecidos pelo Espírito e com um apetite espiritual que anseia pelo alimento do céu – que perscrutamos as belezas de santidade para ver a Deus mais claramente e conhecer seus propósitos.

Nossas almas ecoam o antigo clamor de Moisés: "Se me vês com agrado, revela-me os teus propósitos, para que eu te conheça e continue sendo aceito por ti" (Êx 33.13).

A bondade do Senhor me prometeu: "Darei a você os tesouros das trevas, riquezas armazenadas em locais secretos, para que você saiba que eu sou o SENHOR, o Deus de Israel, que o convoca pelo nome" (Is 45.3).

Originalmente essa foi uma promessa para Ciro. Ele descobriria os tesouros escondidos que estavam enterrados nas pirâmides do Egito. Mas também aplica-se a nós hoje, e é a garantia do Senhor de que existem grandes riquezas a serem escavadas nos lugares secretos do Altíssimo. Descubra as pepitas escondidas nos recessos escuros da Palavra de Deus carregada de riquezas.

Senhor, ajude-nos a valorizar as riquezas que estão escondidas em você e dê-nos apetite para buscá-lo devidamente. Dê-nos o espírito de sabedoria e revelação, e que os olhos de nosso entendimento possam ser iluminados para que possamos conhecê-lo!

> Por essa razão... não deixo de dar graças por vocês, mencionando-os em minhas orações. Peço que o Deus de nosso Senhor Jesus Cristo, o glorioso Pai, lhes dê espírito de sabedoria e de revelação, no pleno conhecimento dele. Oro também para que os olhos do coração de vocês sejam iluminados, a fim de que vocês conheçam a esperança para a qual ele os chamou, as riquezas da gloriosa herança dele nos santos e a incomparável grandeza do seu poder para conosco, os que cremos, conforme a atuação da sua poderosa força. – Efésios 1.15-19

Capítulo 40

O SEGREDO DE CONTEMPLAR JESUS

Algumas pessoas leem a Bíblia para ganhar percepção ou para aprender verdades e princípios. Entretanto, se você ler a Bíblia somente com o intelecto, seu coração pode não ser tocado pela Palavra. Há bem mais a ser ganho nas Escrituras além da verdade sobre Deus. Você pode ganhar o próprio Deus! As verdadeiras riquezas devem ser encontradas ao contemplarmos e conhecermos o Senhor Jesus Cristo.

Os fariseus cometeram um erro fatal quanto à maneira de abordarem as Escrituras. Eles dissecavam as Escrituras cognitivamente, mas não buscavam com o coração o que havia por trás das verdades reveladas. Por isso, conheceram apenas o Livro, mas não o Autor.

Foi exatamente isso que Jesus afirmou, quando lhes disse: "Vocês estudam cuidadosamente as Escrituras, porque pensam que nelas vocês têm a vida eterna. E são as Escrituras que testemunham a meu respeito; contudo, vocês não querem vir a mim para terem vida" (Jo 5.39-40). Tudo nas Escrituras estava gritando para os fariseus: "Enxerguem Jesus à medida que lerem, enxerguem Jesus!".

Mas eles não perceberam essa verdade.

As Escrituras sempre tiveram como objetivo direcionar nossos corações a uma Pessoa. Paulo disse que "o objetivo desta instrução é o amor" (1Tm 1.5). Isso significa que a intenção do Antigo Testamento era inflamar os corações do povo de Deus para a beleza de seu rosto, entretanto, eles estavam obcecados com dogmas e crenças e deixaram de ter o relacionamento vivo que Deus ansiava ter com eles.

As palavras de Jesus para os fariseus revelou uma possibilidade assustadora: podemos ler a Bíblia avidamente e nunca conseguir conhecer o Senhor. Mesmo que Jesus seja apontado em quase todas as páginas, é possível ler as palavras e nunca desenvolver um relacionamento fervoroso com Ele. Jesus estava dizendo que não devemos ler as Escrituras para ganhar conhecimento sobre um Livro; devemos lê-las para ganhar conhecimento sobre uma Pessoa. A Palavra Viva deseja nos encontrar na Palavra Escrita, se a lermos, mas venha até Ele através da leitura.

Eis o segredo: sua leitura da Palavra pode ser um encontro dinâmico e vivo com a pessoa do Senhor Jesus Cristo! Não venha até a Palavra de qualquer maneira só para ler a cota de capítulos do dia. Não leia apenas para dominar os princípios espirituais ou para obter percepções mais inteligentes. Venha para contemplar a majestade e o mistério do Amado, Aquele que ganhou seu coração!

Ele espera atrás do véu, observando para recompensar aqueles que o desejam como se fosse fonte de água viva. Venha com um clamor em seu coração para vê-lo e conhecê-lo. Com um pequeno sopro de seu Espírito em uma única palavra das Escrituras, Ele pode fazer seu coração acelerar com uma nova revelação de seu poder e glória.

Quando Jesus juntou-se aos dois discípulos no caminho de Emaús, após sua ressurreição, começou a lhes explicar que Ele era o tema central das Escrituras. Imagine a glória deste encontro – Jesus revelando Jesus para o espírito humano a partir da Palavra escrita! Era previsível que aqueles discípulos posteriormente se lembrassem: "Não estava queimando o nosso coração, enquanto ele nos falava no caminho e nos expunha as Escrituras?" (Lc 24.32).

É a revelação das Escrituras em relação a Cristo para a alma sedenta, através do poder do Espírito Santo, que gera o coração fervoroso. Esta é a grande busca do lugar secreto!

Jesus repreendeu os saduceus com esta acusação: "Vocês estão enganados porque não conhecem as Escrituras nem o poder de Deus!" (Mt 22.29). Isso sugere três tristes possibilidades:

- Podemos conhecer as Escrituras, mas não o poder de Deus.
- Podemos conhecer o poder de Deus, mas não as Escrituras.
- Podemos não conhecer as Escrituras nem o poder de Deus.

Meu coração clama: "Desejo conhecê-lo, Senhor! Desejo contemplá-lo em suas Escrituras. Desejo conhecê-lo bem como a plenitude de seu poder! Manifeste-se para mim através de sua Palavra, ó meu Senhor!". É por causa deste clamor do coração que corro para o lugar secreto. Eu anseio tanto por Deus que estou doente de amor com desejos frustrados. "Oh, quando você virá a mim?"

Minha experiência provou que não consigo conhecer Jesus melhor através da oração. A oração é onde expresso meu amor de acordo com o que conheço dele. A oração é o amor trocado. Mas se eu quiser conhecê-lo melhor, devo me aproximar de sua Palavra e contemplá-lo nela. Conhecer mais de Cristo requer revelação, e a revelação geralmente requer meditação na Palavra. "E todos nós, que com a face descoberta contemplamos a glória do Senhor, segundo a sua imagem estamos sendo transformados com glória cada vez maior, a qual vem do Senhor, que é o Espírito" (2Co 3.18).

Oh, como desejamos contemplá-lo! Considero com certa ponta de inveja os seres viventes que não deixam de olhar para frente, não importando para onde se dirigem (Ez 1.12-17). Independentemente de irem para cima ou para baixo, para a esquerda ou para a direita, para frente ou para trás, suas faces estão constantemente olhando para frente – para o trono! Eles têm o glorioso privilégio de contemplar continuamente a beleza do Rei.

Senhor, essa é a forma como também desejo viver minha vida. Não importa aonde eu vá e o quer que eu faça, ajude para que minha face possa estar concentrada no trono e contemplar a irradiação de meu amado Senhor!

Quanto mais eu vejo Jesus em sua Palavra, mais percebo que Ele não é nada parecido comigo. Mas quando eu o vejo em sua unicidade, encontro o principal motivo que me faz aproximar com mais paixão de seu coração. Descobri que sou naturalmente atraído ao que é diferente de mim (como diz o ditado, os opostos se atraem).

Jesus é formidável em sua beleza singular e majestade incomparável. E, oh, que privilégio eu tenho – vir ao lugar secreto e contemplá-lo nas Escrituras, eternamente fascinado com a aventura de crescer no conhecimento daquele que morreu por mim!

Capítulo 41

O SEGREDO DE PERMANECER NA PRESENÇA DE DEUS

Quando você se retira para o lugar secreto, permanece no Espírito juntamente com todos os santos no mar de vidro e contempla Aquele que está sentado no trono (Ap 15.2). Ainda que seus olhos estejam velados de forma que você não possa vê-lo com os olhos naturais, mesmo assim permanece diretamente diante do trono!

O maior privilégio de toda a criação é permanecer diante do fogo vivo da presença de Deus e queimar com as afeições santas por seu Pai e Rei. Permanecer na presença de Deus é seu destino eterno e você pode provar um bocado do céu na terra ao fechar a porta e permanecer diante dele na beleza de sua santidade.

Sua programação pessoal não quer deixar que você permaneça aqui, na presença de Deus. As demandas do trabalho militam contra sua permanência. O inferno combate a sua permanência. Mas você está desperto para as belezas da santidade e agora anseia por se isolar e ficar na presença de Deus. Apenas permanecer; e fazer tudo para continuar assim!

Permanecer, apesar da batalha; permanecer, apesar da resistência; permanecer, apesar das perturbações; permanecer, apesar do cansaço;

permanecer, apesar da falha e do colapso pessoal; permanecer, apesar do sofrimento; permanecer, apesar da solidão; permanecer, mesmo que acorrentado; apenas permanecer!

Permanecer, por causa da cruz; permanecer, por causa do Cordeiro; permanecer, por causa de sua afeição; permanecer, por causa de sua aceitação; permanecer, por causa do poder de Deus dentro de nós; permanecer, por causa das fontes de água da vida fluindo do seu interior; permanecer, por causa da beleza e grandeza inigualáveis de Deus; permanecer, por causa do objetivo eterno do Senhor; permanecer, por causa das misericórdias eternas do Pai; permanecer, por causa do amor; apenas permanecer!

A descrição do trabalho dos levitas ainda se aplica a nós atualmente: "Naquela ocasião o Senhor separou a tribo de Levi para carregar a arca da aliança do Senhor, para estar perante o Senhor a fim de ministrar e pronunciar bênçãos em seu nome, como se faz ainda hoje" (Dt 10.8). Uma das principais responsabilidades (e privilégios!) é permanecer diante do Senhor para servi-lo. No lugar secreto, simplesmente permanecemos. Nenhuma grande agenda, nenhuma ambição poderosa, nenhuma pressa para fazer outra coisa. Apenas permanecemos diante dele e o amamos.

Há períodos em que Deus nos chama simplesmente para permanecermos. Podemos preferir a adrenalina de perseguir uma grande causa, mas às vezes Deus nos chama para pararmos com toda a atividade e apenas permanecermos. Às vezes, Ele não nos dá nenhuma escolha. Ocasionalmente, as circunstâncias nos restringem além de nossa capacidade de seguir um curso diferente, e nos tornamos prisioneiros das correntes que nos vinculam à vontade de Deus. Incapazes de nos libertar e de fazer outra coisa, tudo o que podemos fazer é permanecer e queimar no amor santo de nosso Rei.

Normalmente as pessoas dizem: "Não permaneça apenas, faça alguma coisa!". Quando as circunstâncias estão saindo de controle, a grande tentação – quando você não sabe o que fazer – é fazer alguma coisa. "Deus não pode dirigir um veículo estacionado. Então comece a fazer alguma coisa e deixe Deus conduzir o seu curso", elas completam.

Esta pode ser a maneira de agir em algumas situações, mas eu descobri que Deus tem trabalhado de forma diferente em minha vida ultimamente. Ele inverteu esse ditado comum e me deu outro: "Não faça nada, apenas permaneça lá!". Isso me levou a deduzir: "Quando você não souber o que fazer, apenas não faça nada! Espere por mim, me sirva até eu falar. Quando eu falar com você, então poderá agir segundo o que lhe disser. Mas até eu falar, apenas permaneça lá".

Como os levitas de antigamente (Dt 10.8), carrego sua presença em meus ombros, permaneço diante dele para servi-lo e abençoo outras pessoas em seu nome à medida que me fortalece. "Sempre tenho o SENHOR diante de mim" (Sl 16.8). Portanto, permanecerei diante dele, contemplarei sua beleza e o bendirei enquanto tiver fôlego de vida.

Para permanecer diante de Deus desta maneira, podemos aprender algo com os anjos. Como exemplo, observe o anjo Gabriel. Quando Gabriel veio falar a Zacarias que ele seria pai de João Batista, foi a sua segunda aparição nas Escrituras.

Para ser mais exato, Gabriel é mencionado três vezes na Bíblia. Ele apareceu a primeira vez a Daniel. Quase 600 anos mais tarde visitou Zacarias e seis meses depois veio à presença de Maria para anunciar que ela estava grávida do Espírito Santo. Quanto Gabriel trouxe a Zacarias a mensagem de Deus, ele não acreditou em suas palavras. Em resposta à incredulidade de Zacarias, para garantir a veracidade do que falara, Gabriel declarou: "Sou Gabriel, o que está sempre na presença de Deus" (Lc 1.19).

"Então o que você faz, Gabriel?", podemos perguntar.

"Permaneço na presença de Deus."

"Sim, entendemos isso. Mas o que você faz?"

"Na verdade, permaneço na presença de Deus."

"Sim, sim, Gabriel. Já entendemos isso! Mas o que estamos perguntando é: o que você faz??"

E mais uma vez Gabriel responderia: "É isso o que eu faço! Permaneço na presença de Deus. Fico lá, contemplando sua majestade e esplendor, ardendo com sua chama santa e aguardando até Ele falar. Se Ele não disser nada, apenas permaneço lá. Quando Ele me dá uma palavra, então ajo e a cumpro. Mas a principal coisa que faço é apenas permanecer diante de Deus esperando nele".

Entre Daniel e Zacarias há um período de 600 anos durante o qual não ouvimos falar nada sobre Gabriel. Já entre Zacarias e Maria houve um período de seis meses. Esse foi um período agitado! O que Gabriel fez nos intervalos dessas tarefas? Ele apenas permaneceu lá.

Percebi que, às vezes, Deus é pródigo. Ele observa enquanto você cultiva seus dons, talentos e capacidades ministeriais até você se tornar um bom ministro potencial. Você está pronto para fazer explorações! Então, Ele remove a ótima máquina ministerial na qual você se tornou, e a coloca na prateleira – e diz: "Apenas fique aí".

Foi exatamente isso que Deus fez com Elias. Elias disse o seguinte: "Juro pelo nome do SENHOR, o Deus de Israel, a quem sirvo" (1Rs 17.1). "Permaneço na presença de Deus, isso é o que eu faço".

Então, Deus decidiu testá-lo, colocando-o sob prisão domiciliar por três anos. Na casa da viúva, durante o período de fome, ele não pode colocar a cabeça para fora da porta, porque toda a nação estava procurando por ele. Ele estava preso naquela pequena casa quente, abafada e desoladora. Nenhum amigo, nenhum profeta visitante, nenhuma outra voz para confortá-lo ou dar-lhe alguma perspectiva. E a comida? Bolo para o café da manhã, bolo para o almoço e mais um bocado de bolo para o jantar.

Posso até imaginar Elias pensando: "Senhor, por que você tem todo esse ministério potencial enterrado na casa desta viúva? Quero dizer que nos três últimos anos eu poderia ter me graduado em alguma disciplina da Escola dos Profetas. Estaríamos tomando as nações pela força! Mas não. Estou aqui apodrecendo!".

Mas Elias não respondeu dessa maneira, porque Deus já tinha lhe ensinado a permanecer em sua presença. Então, quando o momento do teste chegou, Elias pôde perseverar e apenas permanecer diante da presença de Deus e servi-lo.

As Escrituras nos mostram que Deus possui anjos poderosos que permanecem em sua presença e, em alguns casos, aguardam centenas de anos por suas ordens. Com toda a sua força e poder, Deus apenas os mantém ao redor do trono aguardando por Ele! Mas não é só uma questão de força, porque Deus dispõe de toda a força no céu que precisa!

Então, o Espírito Santo sussurrou para mim: "Não preciso de sua força". Não foi a força do Filho eterno que trouxe nossa redenção, mas o fato de Ele ter sido crucificado em fraqueza. Deus não precisa de nossa força, mas de nossa disponibilidade. Ele está procurando por nós para apenas permanecermos em sua presença, contemplando-o, amando-o e cumprindo sua palavra quando Ele fala.

Você está atarefado? Então apenas permaneça diante dele, aprecie-o e deixe-o apreciá-lo!

Capítulo 42

O SEGREDO DA LUZ DO CORPO

Sabemos que Jesus iluminou o nosso espírito, alma e entendimento. Considere comigo a verdade de que Ele também veio para iluminar nosso corpo. Veja a passagem onde Jesus falou sobre isso:

> Ninguém acende uma candeia e a coloca em lugar onde fique escondida ou debaixo de uma vasilha. Ao contrário, coloca-a no lugar apropriado, para que os que entram possam ver a luz. Os olhos são a candeia do corpo. Quando os seus olhos forem bons, igualmente todo o seu corpo estará cheio de luz. Mas quando forem maus, igualmente o seu corpo estará cheio de trevas. Portanto, cuidado para que a luz que está em seu interior não sejam trevas. Logo, se todo o seu corpo estiver cheio de luz, e nenhuma parte dele estiver em trevas, estará completamente iluminado, como quando a luz de uma candeia brilha sobre você. – Lucas 11.33-36

É fascinante como Jesus falou de nossos corpos como se eles pudessem ser cheios de luz ou trevas. As implicações desta verdade são essencialmente importantes para nossa vitória e alegria em Cristo e intensamente relevantes para nosso lugar secreto. Tenho apenas uma pequena percepção desta verdade. Então, espero que neste capítulo eu possa aumentar sua fome de buscar mais conhecimento sobre isso.

Há um lugar em Deus em que nossos corpos ficam cheios de luz, onde toda a escuridão é erradicada deles. Esse é um lugar incrível onde não existe tentação. O poder da tentação geralmente está no fato de poder apelar para as áreas em trevas de nosso corpo. Quando o corpo está cheio de luz, os pecados da carne perdem seu poder sobre nós e andamos em uma fantástica dimensão de vitória.

Quando falo de pecados da carne, estou me referindo a pecados que cometemos com os nossos corpos, como bebedeira, glutonaria, fornicação, masturbação, visualização de pornografia, uso de droga ilegal, assassinato, roubo, mentira, maledicência, palavras torpes, etc.

E como conseguimos lançar mais luz em nosso corpo? Jesus ensinou claramente que a luz vem para o corpo através dos olhos. Bons olhos trarão luz para o corpo; olhos maus trarão trevas. Podemos ter certeza que a coisa toda tem a ver com os olhos.

Se viermos ao lugar secreto com olhos limpos e saudáveis, a luz da Palavra de Deus penetrará em cada faceta de nossas vidas, incluindo nossos corpos, e ficaremos cheios de luz em cada parte de nosso ser. O que olhamos é essencialmente importante! Se examinarmos a lei da liberdade (a Palavra de Deus) seremos preenchidos com luz e claridade; se olharmos para coisas vis, não apenas encheremos nossas mentes com lixo como também permitiremos que as trevas se estabeleçam em partes de nosso corpo.

Guarde seus olhos, meu amado! Use seus olhos para ler a Palavra de Deus e contemplar sua face. Então, quando vier a tentação, seu corpo não estará lutando contra seu espírito. Seu corpo estará alinhado com a luz e os tentáculos das paixões, da gula e do ódio não conseguirão amarrá-lo nem escravizá-lo.

Há algum tempo, li uma revista cristã em que um leitor escreveu sobre sua luta contra seus pensamentos. Ele pedia ajuda para saber como combater a lascívia. A resposta superficial do editor foi basicamente: "Relaxe; você está sendo duro demais consigo mesmo. Há maneiras saudáveis de apreciar belas mulheres sem desejá-las".

Fiquei pasmo. A resposta dada pelo editor nem mesmo equipou o irmão para a batalha contra seu tormento interno. Como gostaria que esse irmão ouvisse: "Verifique seus olhos! O que você tem olhado? Você tem dedicado tempo contemplando a Palavra de Deus, que pode encher seu corpo de luz?".

Quando nossos olhos são maus, lemos a Palavra de Deus e ainda assim não conseguimos apreender nada. Precisamos fazer mais do que apenas parar de olhar para coisas erradas – precisamos colocar colírio em nossos olhos e, assim, visualizar as coisas certas. "Compre colírio para ungir os seus olhos e poder enxergar" (Ap 3.18).

Que colírio é esse? Acredito que o colírio ao qual Jesus se referiu é a aplicação das disciplinas espirituais em nossas vidas – jejum, oração, estudo da Palavra, caridade e perdão, dentre outros. "Os mandamentos do S‍enhor são límpidos, e trazem luz aos olhos" (Sl 19.8). Quando nos aplicamos à Palavra de Deus de um modo disciplinado e concentrado, nossos olhos, aos poucos, começam a ser curados e limpos e passam a deixar a luz de Cristo entrar em nossos corpos.

Contudo, a vitória sobre o pecado não é a maior recompensa de termos um corpo cheio de luz. Muito mais importante que isso é a intimidade que passamos a ter com Jesus!

Quando nosso corpo está cheio de luz, se alinha plenamente com o Reino e com os propósitos de Deus. Não existirá nada dentro dele que esteja resistindo à sua vontade. Esta dimensão de cooperação com os propósitos de Deus reforçam muito nosso senso de "doce sinceridade" diante do Senhor, e nossa alma ganha maior confiança quanto aos propósitos dele. Sem impedimentos, você se torna um puro canal de graça.

Quando você adora ao Senhor com um corpo cheio de luz, não precisa de um período de "aquecimento" para finalmente poder se relacionar com Deus. Não. Você permanece "constantemente aquecido" e continuamente "fervoroso no espírito" (Rm 12.11). Você está pronto a qualquer momento para voar no Espírito com o seu Amado.

O Senhor começou a ensinar sobre a luz do corpo mencionando como lidava com aqueles cujos corpos estavam cheios de luz. Ele disse: "Ninguém acende uma candeia e a coloca em lugar onde fique escondida ou debaixo de uma vasilha. Ao contrário, coloca-a no lugar apropriado, para que os que entram possam ver a luz" (Lc 11.33).

Jesus estava dizendo que quando nossos olhos são bons e todo o nosso corpo está cheio de luz, começamos a brilhar com uma irradiação além da nossa percepção. Estamos acesos com a verdade, com uma candeia acesa! O Senhor diz que quando nos acende com esse tipo de luz, não enterra nossa vida em um lugar obscuro e escondido. Não. Ele coloca esse tipo de luz em um lugar apropriado para que os que entram possam ver a luz.

Quando seu corpo estiver cheio de luz, você conhecerá uma vitória maior sobre os pecados da carne, tocará dimensões mais profundas de intimidade com Jesus e receberá um lugar de maior influência no corpo de Cristo. Oh, este é um segredo poderoso!

Coloque um guarda em seus olhos. Reserve-os para contemplar a glória de Deus e examinar sua maravilhosa Palavra. Então, todo o seu ser irradiará a luz e a glória de Deus!

Capítulo 43

O SEGREDO DE APENAS AMÁ-LO

Deus entregou o seu único Filho, que morreu de morte dolorosa, por amor. O motivo central para tudo o que aconteceu entre Deus e o homem foi o amor! Ele não morreu para recrutar a força humana para o exército dele; Ele já tem todo o poder que precisa para derrotar seus inimigos. Ele não morreu por mim e por você porque estava se sentindo sozinho e buscava uma companhia, pois é cercado em sua glória por milhares de milhões de criaturas.

Ele não morreu por você e por mim porque estava entediado e não tinha nada melhor para fazer. Ele morreu por uma única razão: para que pudesse manifestar a graciosidade de seu glorioso amor para nós e, por sua vez, receber o amor extravagante de uma noiva apaixonada. Tudo o que Ele fez foi por amor.

O amor é o alimento básico do lugar secreto. Então, o lugar secreto é um lugar onde você pode passar grande parte do tempo em silêncio, simplesmente trocando sentimentos de amor. Você encontrará mil e uma maneiras de dizer "Eu te amo" e ficará impressionado com a criatividade e a energia da reciprocidade do amor de Deus.

Comece o seu dia apenas amando-o. Seus pedidos podem esperar; seu estudo da Bíblia pode esperar; sua intercessão pode esperar. Antes de tudo, dê seu amor ao Senhor. Deixe-o saber que o amor é o grande motivador de seu coração. "Estou aqui, Pai, porque o amo. Você é o centro do meu universo! Santifico e reverencio o seu nome. Gosto de estar com você."

As exigências feitas pelo Senhor podem ser facilmente cumpridas por todos nós, independentemente de classe social, idade, personalidade e dons. Tudo o que Ele pede é amor. Normalmente, até mesmo um deficiente mental é capaz de amar. O amor é o grande equalizador do Reino, colocando-nos no mesmo patamar. Ninguém tem vantagem sobre o outro no tocante a dar e a receber amor.

Não venha até Jesus e tente ser intelectualmente atraente. Não há nada que você possa dizer que faça com que Ele responda: "Nossa, que percepção incrível!".

Você pode, também, cancelar todas as suas tentativas de parecer inteligente para Jesus. Ele simplesmente não se relaciona conosco desta maneira. Apenas se aproxime e o ame. Ele está procurando sinceridade profunda e paixão visceral pelo relacionamento autêntico. Não importa que tipo de pessoa você pensa ser, você pode amar. E Ele ama você! Ele aprecia todos nós da mesma maneira quando apenas o amamos.

O lugar secreto também é um lugar onde buscamos nos tornar uma pessoa que ama mais a Deus. Praticamos a linguagem do amor, nos entregamos ao Espírito de amor e buscamos maneiras de amar ainda mais a Deus. Isso não tem nada a ver com sua personalidade. Não importa se você é emotivo ou não. Você pode amar e, mais ainda, pode aprimorar sua maneira de amar. "Senhor, dê-me a simplicidade parecida com a de uma criança que se deleita com suas bênçãos mais simples."

Os momentos em que mais gosto de meus filhos são quando aproveitam a minha companhia ou expressam seu amor por mim. Quando eles fazem isso, nunca usam palavras pomposas ou cuidadosamente decoradas. Eles podem até nem saber se expressar direito. Pode ser a palavra bem simples ou apenas um beijo sem nenhuma palavra, mas isso derrete o meu coração. "Senhor, conceda-me a liberdade de ser parecido com uma criança em sua presença."

Conforme você expressa seu amor ao Senhor, pode se deparar instintivamente com desejo de cantar para Ele. É disso que se trata o lugar secreto! É o lugar onde você pode se expressar para seu Amigo sem inibição, sabendo que Ele não fica distraído por causa de sua afinação, seu vibrato ou sua métrica rítmica. Ele olha diretamente para o seu coração e recebe o seu louvor como o melhor solo de todos.

Há uma ligação intrínseca entre a música e o amor. Ouça o rádio e você descobrirá que 95% das músicas têm relação com o amor. A música e o amor caminham juntos. Esse é o motivo pelo qual a música e o louvor são uma parte natural de nossa vida secreta com Deus. Deixe o Espírito Santo levá-lo nas asas da adoração. Abra as câmaras internas do seu coração e cante no espírito para o seu Amado (Ef 5.19). Aprenda a voar na canção do Senhor!

Como Cristo habita em nossos corações mediante a fé, estamos arraigados e alicerçados em amor (Ef 3.17). À medida que ama o seu Senhor, você está se enraizando no amor dele. É a confiança no amor de Deus por você que o carrega em meio as tempestades da vida.

Satanás deseja soprar sobre você os ventos da adversidade, mas você está firme e arraigado no amor por ter buscado um relacionamento vivo com Cristo mediante a fé. Nada pode demovê-lo, porque agora você está firmado em amor. Muito embora o amor de muitos acabe esfriando (Mt 24.12), isso não acontecerá com você, pois você está arraigado no amor que não permite isso.

Você está firmado no amor de Deus? À medida que a Palavra de Deus estiver aberta à sua frente, e você entregar o seu coração a Deus, deixe-o começar a derramar em você as infinitas riquezas de seu eterno amor. Ele o ama com um amor eterno (Jr 31.3)!

Ele, literalmente, deu a sua própria vida para se tornar um com você. O amor de Deus é tão impressionante e inebriante que quando você tem esse amor, as Escrituras testificam que está sendo preenchido com toda a plenitude do próprio Deus (Ef 3.16-19). Que aventura gloriosa explorar os recessos magníficos do infinito amor de Cristo!

Uma das mais poderosas certezas que carrego em meu coração é o Salmo 91.14: "Porque ele me ama, eu o resgatarei". Escolhi amá-lo todos os dias, independentemente das circunstâncias, porque sei que Ele está trabalhando, a despeito das momentos difíceis, a meu favor. À medida que venho ao lugar secreto e diariamente entrego meu amor a Deus, permaneço firme na confiança de que Ele me resgatará.

Lembro-me de um período de cinco anos de escuridão durante o qual tudo o que eu podia fazer era prostrar meu rosto no chão diante do Senhor e dizer: "Eu o amo".

Não consegui entrar em batalha espiritual, não consegui interceder e não consegui lutar por nada. Tudo o que eu conseguia fazer era amar. Ao relembrar, agora percebo que estava fazendo a mais poderosa forma de batalha possível. O amor é a força mais poderosa do Universo. Quando você simplesmente libera seu amor para o seu Senhor, está entrando na dimensão onde Deus opera em nome de seus amados.

Espero que você esteja entendendo esse segredo incrível. Apenas o ame! Abra o vaso de alabastro de seu coração e se derrame aos pés de Jesus em adoração de amor. Você liberará o amor divino e será levado a novas dimensões de uma abençoada comunhão com seu Amado e Amigo.

Capítulo 44

O SEGREDO DE SER CONHECIDO

Alguém perguntou um dia: "Você conhece Deus?". Mas há uma pergunta ainda mais importante: "Deus conhece você?". A questão no dia do grande julgamento não será se você conhece Deus, mas se Deus conhece você.

No dia do julgamento muitos falarão que conhecem a Deus e lhe dirão: "Senhor, Senhor, eu o conheço! Não profetizamos em seu nome? Em seu nome não expulsamos demônios e realizamos muitos milagres? Comi e bebi em sua presença e você ensinou em nossas ruas. Juro que realmente o conheço!".

Mas para alguns desses Ele dirá: "Não os conheço, nem sei de onde são vocês. Na verdade, nunca os conheci. Afastem-se de mim, todos vocês, que praticam o mal!" (Mt 7.21-23; Lc 13.25-27).

Nada pode produzir mais medo do que ouvir tais palavras! Quão aterrorizante é pensar que você conhece Deus, mas Ele não o conhece. Essas questões têm consequências eternas e não existe pergunta mais importante do que esta: "O que preciso fazer para ser conhecido por Deus?".

A resposta tem a ver com minha vida secreta com Deus. Ele deseja que eu entre no lugar secreto, me assente diante dele, remova toda a fachada de fingimento e revele os segredos mais íntimos do meu coração. Ele deseja que eu me apresente diante dele com a face descoberta (2Co 3.18) e o deixe ver quem eu sou realmente. O lado bom, mau, feio – tudo.

Ele deseja que eu o ame sem nenhuma restrição. Ele deseja um relacionamento comigo que seja baseado em total transparência e honestidade. Estou me transformando cada vez mais na imagem de Cristo, mas durante o processo permito que Deus veja a verdade nua e crua de minhas fraquezas e carnalidade.

"Mas", alguém pode contra-argumentar, "eu pensava que Deus sabia tudo sobre nós!".

É verdade, Ele sabe. Mas o fato de ver algumas áreas escuras em nosso coração não significa que convidamos sua luz para entrar nessas áreas. A tendência humana é ocultar e encobrir. Quando tentamos esconder nossa verdadeira condição dele, não estamos apenas enganando a nós mesmos, mas também impedindo que Ele nos conheça.

Quando Deus diz que nos conhece, quer dizer que o convidamos para entrar em cada parte de nossos pensamentos, motivações, desejos e ações. Quando o convidamos para entrar, Ele libera sua graça para nos capacitar a superar os padrões pecaminosos que anteriormente pareciam invencíveis.

Judas Iscariotes serve como exemplo irrefutável de um homem que estava incrivelmente perto de Jesus, mas ainda assim não permitiu que Ele entrasse nos segredos do seu coração. Ele tinha um grande problema com o roubo, mas se recusava a confessá-lo e trazê-lo a luz.

Jesus lhe deu várias oportunidades no decorrer do período de três anos para se abrir, mas repetidamente ele optou por esconder, esconder, esconder. Por fim, Satanás conseguiu acessar essa fortaleza na vida de Judas e o levou à destruição. Judas ilustra a aterradora verdade de que é possível passar bastante tempo na presença de Jesus e ainda assim não ser conhecido por Ele.

Jesus pode lidar com as confissões de nossas lutas internas reais, mas não pode agir quando as escondemos dele e fingimos que elas não existem. O lugar secreto não é lugar para segredos. É um lugar para agirmos com total honestidade e plena transparência. Quando revelamos nossas lutas internas, Ele libera a graça para nos ajudar a mudar. Essa é forma como o deixamos conhecer quem realmente somos.

Agora vem a parte mais inacreditável: quando confessamos nossas lutas internas, Ele nos aceita e se apropria de nós. Ele diz: "Como você está disposto a me mostrar sua feiúra interna, estou disposto a confessá-lo diante de meu Pai e a declará-lo como minha propriedade!".

Nossa! Temia que Ele pudesse me rejeitar se soubesse quem eu realmente sou. Mas ao que tudo indica, Ele me aceita quando o deixo ver quem sou de verdade. Sua graça é verdadeiramente incrível! Sua aceitação é tão incrível que me inspira a abrir cada recanto do meu coração para seus olhos amorosos.

A intimidade está exatamente aí! A maior intimidade é encontrada em nossa radical entrega mútua. A cruz demonstra quão radicalmente Ele se entregou por mim e minha adoção da cruz é o indicativo de minha entrega total a Ele. Não sou apenas honesto com Ele, procuro encontrar maneiras de conseguir entregar-lhe ainda mais meu coração. É a busca para aumentar a transparência que faz com que o relacionamento com Ele seja aprofundado e enriquecido.

Alguém disse certa vez: "A oração exige um tipo de relacionamento em que você permite que outra pessoa, além de você, entre no âmago do seu ser para ver o que você prefere deixar oculto e para tocar no que prefere que não seja tocado" (autor desconhecido).

Não é incrível ser verdadeiramente conhecido por Ele? Como Bill Gaither escreveu na canção: "Aquele que mais me conhece, me ama mais!". Meu Deus me conhece e me compreende.

Outro motivo para nos deleitarmos em entregarmos nossas vidas à liderança de Cristo é o fato de que Ele nunca nos compreende equivocadamente. Todos nós já sentimos a frustração de ter pensamentos ou intenções a respeito de algo e ser interpretado de forma totalmente equivocada e, por isso, sofrer um julgamento injusto.

Isso nunca acontece com Jesus. Ele sempre sabe exatamente o que estamos pensando e o que está nos motivando. Essa é a razão pela qual os doze discípulos acharam a liderança de Jesus tão impressionante – Ele conseguia tratar das questões dos seus corações com total precisão e plena compreensão.

Ele os conhecia como um livro aberto e sua capacidade de exercer uma liderança compassiva, segundo o poder daquele conhecimento, os cativou para sempre. Eles se sentiam plenamente compreendidos, mesmo quando estavam errados e sendo repreendidos por isso. Jesus os conhecia implicitamente e os amava incondicionalmente. Oh, que bênção ser conhecido por Deus!

Como podemos ser conhecidos por Deus? A resposta nos é dada de forma bem simples em 1Coríntios 8.3: "Mas quem ama a Deus, este é conhecido por Deus". Quando abrimos nossos corações e nos entregamos com amor, Ele nos aceita e nos conhece. Que grande privilégio – ter um relacionamento de conhecimento com o Deus Todo-poderoso!

Obrigado, Jesus, pelo presente do lugar secreto onde podemos sentir esse amor mútuo.

Capítulo 45

O SEGREDO DE PRIORIZAR A INTIMIDADE

Priorizar é a conduta principal a ser tomada: amar a Deus de toda a sua alma. Esse é o maior mandamento (Mt 22.37-38) e deve vir em primeiro lugar em nossas vidas (Ap 2.4). A intimidade com Deus deve ser nossa prioridade número um, deve vir antes de tudo, até mesmo de nossos trabalhos na igreja. O segundo mandamento (amar ao próximo, que são nossos trabalhos na igreja) "é parecido" com o primeiro, mas Jesus deixou bem claro que ele deve vir em "segundo" lugar (Mt 22.39). Mas é um segundo lugar que fica muito próximo do primeiro. Realmente é difícil separar os dois, mas ainda assim ele é o segundo.

É de fundamental importância mantermos o que é prioritário à frente de tudo. Quando o nosso amor por Deus recebe nossa atenção priorizada, passamos a funcionar com a plenitude espiritual necessária para cumprir o segundo mandamento. Quando nossas prioridades estão invertidas e passamos a dar mais ênfase a amar ao próximo do que a Deus, caminhamos para um certo esgotamento. A única maneira de evitarmos um eventual colapso é continuarmos voltando ao nosso primeiro amor.

O Espírito Santo está profundamente comprometido em colocar o primeiro mandamento antes de tudo em nossas vidas. Devemos ser estabelecidos em nossa identidade primária diante de Deus. É muito importante dizer: "Este é quem eu sou". Eu não sou primeiramente um obreiro de Deus; em primeiro lugar e acima de tudo sou aquele que ama a Deus. O Espírito Santo está visitando muitos de nós neste momento e mudando nossas prioridades e compreensões. Seu mandamento é estabelecer nossa identidade primária como aqueles que amam a Deus. Quando Ele tiver terminado essa obra em nossas vidas, seremos pessoas que amam a Deus e trabalham para Ele, e não o contrário.

O lugar secreto deve ter a prioridade máxima em nossos calendários e programações, porque é o lugar onde a incubação da intimidade é facilitada. Você não pode conseguir intimidade apressadamente. Você tem que parar, arrumar uma mesa, colocar o pão e o cálice e cear com Ele e Ele com você.

É incrível sentir a presença de Deus enquanto você está se dirigindo para o trabalho de manhã. Mas se sua comunhão com Deus se resume a isso, então você não terá uma conexão íntima com Jesus. A resposta do coração de Deus é explosiva quando damos a Ele nossa primeira e melhor energia.

Falando de minha experiência pessoal, sei o que é inverter a ordem dos dois grandes mandamentos sem perceber. Uma vez o Senhor me parou abruptamente e, em sua bondade, me mostrou como as prioridades da minha vida estavam desequilibradas. Ele disse: "Bob, você vem a mim como se eu fosse um posto de gasolina".

Considero um posto de gasolina um "mal necessário". Eu não gosto de abastecer, gosto de dirigir. Mas sei que para fazer o que realmente desejo (que é dirigir), tenho que abastecer o carro com gasolina. O Senhor estava me dizendo: "Bob, você vem ao lugar de oração para se abastecer. Você não vem a mim porque sou o primeiro amor de seu coração. Você vem até mim para ficar reabastecido para que possa sair e buscar o primeiro amor de sua vida". Note que meu primeiro amor era o ministério. Eu amava dirigir! Eu queria ver almas salvas; queria ganhar a cidade para Cristo; queria mudar o mundo. Eu estava mais motivado a desempenhar o meu trabalho para Deus do que em encontrar tempo para estar com Ele. Eu clamava: "Todas as minhas fontes estão em ti" (Sl 87.7 – ACF). Mas, na verdade, o que mais me satisfazia era a "correria" das realizações ministeriais. E eu só me dei conta disso quando o Senhor me mostrou.

Quando enxerguei essa verdade, senti muita dor. Cai diante dele e clamei: "Senhor, lamento muito, não queria que tivesse sido assim. Eu não quero ter um relacionamento de abastecimento com você! Desejo muito mais que isso. Desejo ser aquele que o ama, a sua noiva; desejo que você seja o amor número um de minha vida. Desejo que o lugar secreto seja o motivo da minha vida. Desejo apreciar ficar em sua presença de tal forma que as pessoas tenham que me arrastar para fora!".

Então, senti o Senhor respondendo:

> "Sim, filho, sei que é isso o que você deseja. E esse é o motivo pelo qual vim ter com você e lhe mostrei a verdadeira condição do seu coração. Vou atraí-lo para o deserto (Os 2) e lá o despertarei para um relacionamento de amor profundo e diferente de tudo o que você já conheceu nos seus primeiros e ocupados anos ministeriais."

O Senhor tem muitas maneiras de nos fazer estabelecer prioridades corretas. Em meu caso, Ele simplesmente tirou meu ministério. Oh, como isso machuca! Eu clamei: "Senhor, por que isso dói tanto? Você não retirou sua presença de minha vida; tudo o que você fez foi tirar o meu ministério. E estou sentindo uma dor indizível. Por que isso dói tanto?". Essa foi a maneira como o Senhor me mostrou o quanto o ministério tinha se tornado a fonte da minha alma. Quando Ele o retirou de mim, estava me dando a oportunidade de encontrar uma base inteiramente nova para me relacionar com Ele. Assim, comecei a aprender o que significava vir até Ele com alegria e deleite simplesmente por quem Ele é.

Deus não retira o ministério de todas as pessoas para ensinar essa valiosa lição. Em alguns casos, Ele simplesmente tira a nossa satisfação de trabalharmos para Ele. Continuaremos no mesmo ministério, mas isso já não nos satisfará mais. O ministério se tornará seco, empoeirado, sem vida e desgastante. Nós nos sentiremos apavorados com o que antes nos energizava. E o efeito é o mesmo: o Senhor está tentando nos mostrar o quanto estamos nos alimentando de nossas obras ministeriais em vez de nos alimentarmos de seu amor.

Ele deseja que fiquemos viciados no vinho de seu amor (Ct 1.2), mas é tremendamente fácil ficarmos viciados no vinho do ministério. O ministério pode ser inebriante. Dá uma sensação de "embriaguês" quando a graça de Deus flui através de você e ministra a noiva. Quando o rosto dela se ilumina com a glória de Deus, você se sente satisfeito e importante, porque Deus honrou sua obediência e abençoou outras pessoas.

Além disso, há o privilégio de observar Deus usando os dons e os talentos que você cultivou. Sua reação interna é parecida com o seguinte: "É isso! Foi para isso que nasci! Encontrei meu lugar. Este é meu chamado e meu ministério. Agora sei qual é meu lugar no corpo de Cristo. Servir desta maneira me dá a maravilhosa sensação de desejar fazer tudo novamente!".

Não é errado gostar de ministrar a outras pessoas, mas é muito fácil isso se tornar o vinho viciante que nos inebria e nos satisfaz. E o vinho do amor de Deus passa a ficar em segundo lugar por causa deste "vinho novo" que provamos chamado ministério.

Então, o Senhor vem até nós, como fez com os Efésios que eram bem-sucedidos no ministério, e diz: "Estou pedindo que vocês voltem ao primeiro amor" (Ap 2.4). O Senhor deseja que sejamos pessoas de "uma coisa": da busca apaixonada de sua face. Davi disse:

> "Uma coisa pedi ao Senhor; é o que procuro: que eu possa viver na casa do Senhor todos os dias da minha vida, para contemplar a bondade do Senhor e buscar sua orientação no seu templo." – Salmos 27.4

Davi buscava "uma coisa" – a face de Deus. Paulo disse: "Mas uma coisa faço" – que era a busca do "chamado celestial de Deus em Cristo Jesus" (Fp 3.13-14). Maria de Betânia descobriu que "apenas uma coisa era necessária", e Jesus acrescentou que ela tinha escolhido "a boa parte", que não lhe seria tirada (Lc 10.42).

Apenas uma coisa é necessária: assentar aos pés de Jesus e ouvir suas palavras. Uma coisa de Davi era uma coisa de Paulo, que era uma coisa de Maria. O primeiro mandamento vem em primeiro lugar, a busca de um relacionamento de amor com o nosso deslumbrante noivo.

O inferno inteiro militará contra você se tornar um homem ou uma mulher de "uma coisa". As circunstâncias ficarão fora de controle, sua lista de tarefas aumentará e as demandas de sua vida multiplicarão. Satanás empregará qualquer dispositivo que funcione – tudo que o impeça de se transformar em uma pessoa de "uma coisa".

Se você conseguir essa transformação, será um apaixonado fervoroso por Deus. Aceso com as paixões fervorosas de uma noiva por seu Senhor, você será uma arma perigosa nas mãos de Deus para realizar proezas. As maio-res dimensões do poder do Reino são alcançadas por aqueles que verdadeiramente foram acesos e energizados por seu relacionamento de amor pessoal com o Senhor Jesus.

Faça a você mesmo a seguinte pergunta: Fico aliviado quando meu período de oração acaba? A minha resposta é: "Mais vezes do que gostaria de admitir!'". Tantas vezes fiquei aliviado em terminar o processo de abastecimento, para que eu pudesse sair e dirigir a máquina do meu ministério. Mas o Senhor tem sido gentil comigo e está me ensinando o segredo de amá-lo em primeiro lugar e de extrair minha sensação de realização e sucesso a partir do amor que me dá no lugar secreto.

Quando eu for um sucesso em seus braços, o ministério poderá ir bem ou não tão bem assim, mas eu me sentirei bem-sucedido interiormente de qualquer maneira. Portanto, estou estabilizado pelo poder de uma vida interna com Deus, em vez de ser manipulado emocionalmente pelas vicissitudes dos altos e baixos do ministério.

Para encerrar, veja Mateus 5.15: "E, também, ninguém acende uma candeia e a coloca debaixo de uma vasilha. Ao contrário, coloca-a no lugar apropriado, e assim ilumina a todos os que estão na casa". O Senhor deseja fazer com que você arda de zelo em buscar a face de Cristo. Dessa forma, você poderá brilhar com a luz de um relacionamento que aprecia, em primeiro lugar, a intimidade.

Se este fogo de amor for puro e brilhante, o Senhor o colocará em um lugar apropriado, de forma que você possa irradiar luz para toda a família da fé. Mas se a luz de sua vida não for pura – se sua energia em parte for proveniente do ministério – então o Senhor colocará sua luz debaixo de uma vasilha.

Alguns dos ministérios mais cheios de dons foram colocados debaixo de uma vasilha e limitados a uma esfera de influência localizada, porque o Senhor não estava disposto a exportar a impureza de seu amor para o corpo de Cristo inteiro. Que você possa aprender o segredo de amar a Jesus em primeiro lugar. E, acima de tudo, que Ele possa colocar sua candeia em um lugar apropriado e fazer da simplicidade e pureza de sua devoção um exemplo para toda a família da fé. Amém.

Capítulo 46

O SEGREDO DA IDENTIDADE DA NOIVA

Um dia, quando estava dirigindo na rodovia a cerca de 80 km por hora, percebi duas rolinhas na estrada a minha frente. As rolinhas normalmente são vistas em pares, porque permanecem juntas por toda a vida. Então, pensei comigo: "É melhor que esses pássaros saiam da estrada ou acabarei atingindo-os".

Com certeza, no momento em que eles decidiram sair já era tarde demais. Voaram penas para todos os lados. Atingi os dois em cheio. Pensei então comigo mesmo: "Pássaros estúpidos. Eles deveriam ter saído antes". Só mais tarde aprendi algo sobre as rolinhas: elas não têm visão periférica e só conseguem enxergar para frente. Aqueles pássaros não conseguiram me ver aproximando! No momento em que viram, já era tarde demais.

O noivo celestial nos compara com uma pomba quando diz: "Seus olhos são pombas" (Ct 5.12). Para Ele, somos como uma rolinha que não tem visão periférica. Então, eis o que o seu Senhor diz para você, a noiva dele: "Seus olhos são pombas. Você tem uma visão afunilada somente para mim. Você não se distrai com outras afeições e desejos nem para a esquerda nem para a direita. Você apenas me contempla e eu amo isso!". Você é a noiva dele e tem olhos somente para Ele, seu amado.

Veja, a seguir, duas das muitas passagens bíblicas que se referem ao povo de Deus como sua noiva:

Vi a Cidade Santa, a nova Jerusalém, que descia dos céus, da parte de Deus, preparada como uma noiva adornada para o seu marido.
– Apocalipse 2.12

Um dos sete anjos que tinham as sete taças cheias das últimas sete pragas aproximou-se e me disse: "Venha, eu lhe mostrarei a noiva, a esposa do Cordeiro". – Apocalipse 21.9

A imagem nupcial de um casamento cósmico aparece frequentemente em toda a Bíblia, começando com Adão e Eva e terminando com o último capítulo da Bíblia. A mensagem é muito clara e consistente: somos a noiva de Cristo, sendo preparada para uma grande celebração de casamento que ocorrerá quando nos unirmos para sempre em grande afeição ao nosso noivo, o Senhor Jesus Cristo.

Os cristãos desempenham o papel feminino no relacionamento quando entramos em comunhão com o nosso Senhor. Ele inicia, nós respondemos; Ele dá, nós recebemos; Ele fecunda, nós damos a luz; Ele lidera, nós seguimos; Ele ama, nós correspondemos; Ele governa, nós reinamos com Ele. Homens que têm dificuldade em se verem como noiva devem se lembrar que as irmãs entre nós também devem se ver como filhos de Deus.

A Bíblia nos chama de noiva e filhos, porque as duas imagens apontam de um modo incompleto para a beleza da perfeição para a qual fomos chamados. Nós nos relacionamos como o Pai como filhos; nós nos relacio--namos com o Senhor Jesus como uma noiva.

Geralmente, as irmãs têm uma facilidade maior para entender o segredo deste capítulo – aprender a se relacionar com Jesus como sua noiva apaixonada. Mas os irmãos também podem aceitar esse segredo. Novas dimensões de intimidade e responsividade se abrem para nós quando adotamos nossa identidade de noiva e nos relacionamos com Jesus como nosso noivo.

Quando Jesus nos olha, trajando vestes brancas de justiça, cheios de boas obras, maduros em nossos sentimentos, prontos para o dia de nosso casamento, o seu coração enlevado voa com deleite e deseja sua esposa virgem, sua noiva. Ele mal pode esperar até aquele dia – e nós também! Nesse meio tempo, nos cortejamos com amor, atenção, palavras de carinho, honra e deleite.

O lugar secreto é a câmara do rei (Ct 1.4), o lugar onde desenvolvemos nosso crescente relacionamento de amor.

Esse é o lugar onde Ele fala conosco, declarando quão belos e justos somos aos seus olhos. Respondemos abrindo nossos corações para Ele com maior entrega, louvando os gloriosos atributos de sua beleza e caráter e recebendo as generosas afeições de seu coração. Oh, a troca de amor no lugar secreto é gloriosa! Ele com certeza sabe conquistar um coração!

Jesus não morreu para se casar com uma "mulher amazona", uma noiva agressiva que é tão rude que intimida com sua força desmedida e conduta imponente. Nem morreu para se casar com um burro de carga que trabalhará incansavelmente para cumprir suas tarefas domésticas e colher seus campos. Ele morreu por amor. Ele morreu para se casar com uma bela noiva que andará com Ele, conversará com Ele, sonhará com Ele, rirá com Ele, planejará estratégias com Ele e governará com Ele.

Quando minha noiva veio caminhando pelo corredor da igreja em minha direção, muitos anos atrás, toda vestida de branco, com um brilho no rosto, eu não estava pensando: "Ela tem belos dentes. Ela assa tortas. Ela cozinha muito bem. Ela lavará minhas roupas. Ela trocará as fraldas de meus filhos. Ela limpará minha casa". Eis no que eu estava pensando: "Lá vem o meu amor". Sim, quando nos casamos, Marci sabia que administraria a casa, cuidaria de nossos filhos, prepararia as refeições e lavaria as roupas. Mas não nos casamos por nenhum desses motivos. Nós nos casamos por amor.

É verdade que somos soldados, estamos envolvidos em uma batalha de alto nível estratégico e o Senhor depende de nós para combater o bom combate da fé. E também é verdade que somos trabalhadores de seu vinhedo, labutando arduamente nos campos de colheita para trazermos todo o trigo para o seu celeiro.

Mas Jesus não morreu para conquistar um exército ou uma equipe de trabalho; Ele morreu por uma noiva. Não vamos ao lugar secreto como um soldado procurando planos de batalha, ainda que Ele revele seus planos para nós enquanto estivermos lá. Não vamos como trabalhadores procurando ganhar força para a lida do dia, ainda que Ele nos fortaleça para as tarefas que temos que desempenhar. Vamos ao lugar secreto como uma noiva, para apreciar seu abraço e derramar nele o nosso amor. O lugar secreto é uma celebração para nossa identidade superior – sua noiva! Lá é onde ocorre a troca de amor com intimidade.

O apóstolo João viu o clamor dos crentes nos últimos dias: "O Espírito e a noiva dizem: 'Vem!' E todo aquele que ouvir diga: 'Vem!' Quem tiver sede, venha; e quem quiser, beba de graça da água da vida" (Ap 22.17). Embora muitas metáforas sejam usadas para o povo de Deus – por exemplo, somos o seu corpo, seu templo, um exército, etc. – a última metáfora que a Bíblia usa para revelar nossa identidade é a de "noiva".

Acredito que essa seja uma declaração profética de que nos últimos dias o povo de Deus se apropriará mais plenamente de sua identidade como noiva de Cristo. Embora toda imagem tenha suas limitações, a metáfora mais completa de nossa identidade é a de noiva. Jesus está voltando para uma noiva consumida por sentimentos nupciais por seu amado noivo!

Sabendo que uma noiva e um noivo amam ficar juntos, deixe-me fazer uma pergunta: Você já passou tempo com o Senhor? Quando faço essa pergunta, estou pensando em Maria de Betânia, que derramou sua herança (um frasco de alabastro contendo um perfume muito caro) sobre o Senhor e foi repreendida pelos discípulos com as seguintes palavras: "Por que este desperdício?" (Mt 26.8). Eles consideraram sua efusiva demonstração de amor como um desperdício. Mas Jesus validou seu amor, estabelecendo a verdade de que é correto, às vezes, sermos pródigos ao nos derramarmos extravagantemente sobre Ele.

Então, novamente, pergunto: você já passou tempo com o Senhor? O que eu quero dizer é: depois de você ter feito sua leitura bíblica e de ter louvado e adorado, depois de você ter apresentado seus pedidos e intercedido, depois de ter sido cheio e renovado pelo Espírito Santo, você ficou ainda mais um pouco com Ele somente por amor?

Você não "precisa" ficar mais tempo no lugar secreto por causa de seus objetivos, mas deve decidir permanecer lá apenas para "passar" mais algum tempo na presença de Deus por amá-lo – porque você é uma noiva apaixonada e apenas anseia ficar com Ele. Que dignidade e honra o Senhor Jesus atribuiu àqueles que escolhem amá-lo e gastar suas vidas com Ele!

Muitos de nós vivem com sentimentos de culpa em relação ao lugar secreto, porque perderam o foco de suas identidades como noiva de Cristo. Passar tempo com Ele não é uma obrigação nem uma tarefa; é a empolgação e anseio de nossa alma. Quando conseguimos ficar com Ele, ficamos enlevados; quando afazeres nos impedem a comunhão, ficamos com a sensação de perda e frustração e com uma antecipação entusiástica de nossa próxima comunhão com Ele. O lugar secreto não é onde desempenhamos nossa tarefa sagrada como cristãos, mas onde nos deleitamos em estar com Aquele que amamos.

Veja como a noiva de Cristo é descrita em sua plenitude:

> O anjo que falava comigo tinha como medida uma vara feita de ouro, para medir a cidade, suas portas e seus muros. A cidade era quadrangular, de comprimento e largura iguais. Ele mediu a cidade com a vara; tinha dois mil e duzentos quilômetros de comprimento; a largura e a altura eram iguais ao comprimento. – Apocalipse 21.15-16

Esta passagem está associada a Efésios 3.17-19, onde Paulo fala sobre o comprimento, a largura e a altura do amor de Cristo. João vê a esposa do Cordeiro tendo as mesmas dimensões de amor que o noivo – um amor que é igualmente pleno e completo em comprimento, largura e altura.

Comprimento

Exatamente como o amor de Cristo mergulha nas profundezas do pecado humano, o amor da noiva alcança os mais profundos recessos da humanidade para elevá-los para a glória. Nenhum comprimento é suficiente para expressar a intensidade deste amor parecido com o de Cristo. Ela não amará sua própria vida, ainda que corra o risco de morrer, por amor ao evangelho.

Largura

Exatamente como o amor de Cristo atravessa cada camada e divisão da raça humana para abranger pessoas de todas as línguas, cores e níveis de escolaridade, da mesma forma este amor de Cristo através da noiva alcança todos os povos. Seu coração é tão inflamado que adota todas as pessoas por quem Cristo morreu.

Altura

Aqui estão as alturas gloriosas de seu perfeito amor – os sentimentos imaculados de uma deslumbrante noiva por seu amado que é exaltado acima de qualquer nome. A pureza e a glória de suas paixões se elevam como uma montanha majestosa de régio esplendor.

Nossa! Eles não formam um par incrível?! Juntos, vestidos com formidável perfeição, plenamente compatíveis e igualmente unidos em todos os caminhos eles são a história de amor do céu. Para sempre.

Capítulo 47

O SEGREDO DE APEGAR-SE

Apego-me aos teus testemunhos, ó SENHOR; não permitas que eu fique decepcionado. – Salmos 119.31

Como "vaso mais frágil", uma das coisas que eu sinto profundamente como noiva de Cristo é a impotência e a vulnerabilidade longe de Jesus. Especialmente em momentos de dificuldades ou adversidades, quando realmente sentimos que precisamos dele, nos apegamos a Ele como uma pessoa que não sabe nadar se agarra a um colete salva-vidas. Durante períodos de crise, o lugar secreto se torna nossa fonte de sobrevivência, pois nos apegamos a Ele e clamamos por ajuda.

Há períodos em que fico especialmente apegado. Por causa desse sentimento, perguntei a Deus: "Senhor, você está ofendido por, nestes momentos, eu ficar tão desesperadamente apegado a você?". A resposta que veio ao meu coração foi: "Não, eu amo quando depende de mim. Sem mim você não pode fazer nada, mas nem sempre você se dá conta desta realidade. Eu amo quando, finalmente, você sente que precisa de mim mais do que o ar que respira e se apega a mim com todas as suas forças".

Há momentos em que minha alma está sendo açoitada pelos ventos e não compreendo a natureza da batalha. Se soubesse a proveniência ou como me defender, seria muito mais fácil. Mas eu me encontro enredado por um redemoinho de emoções e incertezas, e fico sem saber o que fazer. A única coisa que sei fazer nesses momentos é fugir para o lugar secreto, tremendo diante de Deus em minha vulnerabilidade e me apegando a Ele desesperadamente.

Eu costumava pensar que a maturidade cristã significava nos fortalecermos cada vez mais até sermos uma força intimidadora a ser considerada pelos poderes das trevas. Mas a imagem de maturidade que nos é dada nas Escrituras é bem diferente disso: "Quem vem subindo do deserto, apoiada em seu amado?" (Ct 8.5). Aqui vemos a noiva que foi aperfeiçoada em amor no período do deserto. Qual é a qualidade mais marcante dela? Ela está dependendo de seu Amado para ajudá-la a dar cada passo! A experiência me ensinou que preciso da ajuda de Jesus, literalmente, em cada área de minha vida. Então, me sustento nele com uma dependência desesperada.

Muitas vezes, quando me levanto para ministrar para um grupo de cristãos, me sinto "hesitante". Fico buscando em meu espírito como proceder, me esforçando para discernir a vontade do Senhor para aquele momento de ministração. Descobri que quanto mais forte me sinto, mais fácil é errar e passar à frente de Deus.

Quanto mais fraco estou, mais desesperadamente o busco para obter direção e percepção. Portanto, nestes momentos, normalmente o sigo mais de perto. Então, às vezes, apenas fico diante das pessoas hesitando e me apego a Ele! Assim que isso acontece, descubro que Ele é incrivelmente fiel para direcionar meus passos de acordo com a sua vontade. No momento de minha maior fraqueza descobri que com o auxílio dele "posso atacar uma tropa; com o meu Deus posso transpor muralhas" (Sl 18.29).

Você não se importará de se apegar a Ele em público, se já tiver se apegado a Ele em particular. O lugar secreto é onde nos estabelecemos como "pessoas apegadas" a Deus.

Quando deixamos de nos apegar a Deus, nos tornamos presas de toda a sorte de enganos e armadilhas. Falando do relacionamento de Jesus com os líderes judeus, as Escrituras dizem: "A pedra que os construtores rejeitaram tornou-se a pedra angular" (118.22). Os construtores eram os sacerdotes e escribas judeus. Eles eram educados e treinados, já tinham feito seu estágio e eram construtores habilitados por Deus. Mas a despeito de sua especialização, rejeitaram a própria pedra que Deus tinha estabelecido como angular.

Esta mesma tentação confronta os líderes de hoje. É possível que nós, após todo o nosso treinamento e experiência, rejeitemos o que Deus determinou que fosse usado de um modo central em um certo momento. Atenção todos os construtores: precisamos manter uma constante consciência acerca de nossa própria inaptidão. Sem um relacionamento de apego ao Senhor, podemos facilmente perder a pedra da verdade que Deus está estabelecendo entre seu povo hoje.

Apego-me a outra coisa no lugar secreto: à Palavra de Deus. Agarro sua Palavra ao meu peito como se fosse minha própria vida. "Apego-me aos teus testemunhos, ó Senhor; não permitas que eu fique decepcionado" (Sl 119.31). Acho que os "testemunhos" apontam, em parte, para as histórias dos poderosos atos de intervenção de Deus em favor dos santos da história – como Ele dividiu as águas, como alimentou o povo israelita com maná, como derrubou os muros de Jericó e como ressuscitou os mortos.

Estes testemunhos de Deus refletem seus propósitos – como Ele trata seus santos que o amam. Apego-me às histórias do poder revelado de Deus porque elas me incentivam a pensar que Deus opera ainda hoje da mesma maneira magnífica. Apego-me aos testemunhos de Deus, pois preciso que o mesmo poder milagroso seja liberado na minha própria vida. "Ó Senhor; não permitas que eu fique decepcionado!"

Depois que Jesus ressuscitou, Ele apareceu primeiro a Maria Madalena (intencionalmente). Note que Maria foi a última pessoa a sair da tumba no dia de seu sepultamento e a primeira a chegar nela na manhã do terceiro dia. Quando mais ninguém estava lá, Maria estava. Portanto, Jesus se revelou primeiramente para quem mais o amava e sentia sua falta! Quando Maria o viu, se encheu de alegria e abraçou seus pés. Então, Jesus disse a ela: "Não me segure, pois ainda não voltei para o Pai" (Jo 20.17).

Mas Jesus não estava repreendendo-a como se pensasse que Maria não podia segurar nele daquele jeito. Ele simplesmente estava querendo dizer: "Ainda não é o momento. Conheço a pureza do seu coração. Sei que você anseia estar comigo apaixonadamente. Mas preciso voltar para o Pai antes de nos apegarmos no Reino de Deus".

Ao segurar Jesus, Maria Madalena foi uma representação dos últimos dias da noiva de Cristo. Com o mesmo anseio da Maria de antigamente, atualmente existe uma companheira nupcial que está ansiando pela aparição de Jesus. Ela o procura, espreitando no escuro, doente de amor e ansiosa por vê-lo. Ela chora e aguarda. Esse é o tipo de noiva para a qual Jesus está voltando. E, quando se revelar a ela pela segunda vez, ela não será mais deixada.

Mesmo que Ele me diga "Não me segure", meus braços agarrarão seus pés e eu nunca o deixarei partir! "Nós o perdemos uma vez, Senhor, e eu nunca mais o soltarei novamente!" E, então, nos apegaremos a Ele para sempre apaixonadamente.

Mas até este dia glorioso chegar, me apegarei a Ele e no lugar secreto lhe devotarei todo o meu amor.

Capítulo 48

O SEGREDO DE ANDAR COM DEUS

Deus está procurando não somente uma noiva apegada, mas também uma parceira que ande junto com Ele. Desde o início, Deus tinha um relacionamento com Adão e Eva que o levou a encontrá-los enquanto "andava pelo jardim quando soprava a brisa do dia" (Gn 3.8). Deus criou o homem pelo prazer de um relacionamento de andar junto que envolve companheirismo, diálogo, intimidade, tomada de decisão conjunta, deleite mútuo e domínio compartilhado. Deus anseia por andar com você, e este é o motivo pelo qual seus braços de graça têm atraído você para um caminhar mais próximo dele.

Minha esposa, Marci, ama fazer caminhadas com sua amiga Wendy. Elas falam o tempo todo, sem parar. A caminhada não é apenas um exercício divertido, mas também aprofunda a amizade. Jesus fazia esse tipo de caminhada com os seus discípulos e ainda gosta de caminhar conosco dessa mesma maneira hoje.

O lugar secreto não é o destino, é somente o catalisador. Ele foi projetado por Deus para estabelecer uma amizade íntima entre nós à medida que andarmos com Ele diariamente. O objetivo que buscamos é um caminhar diário de comunhão ininterrupta com nosso Senhor e Amigo.

Enoque foi o primeiro homem da Bíblia que andou com Deus:

Depois que gerou Matusalém, Enoque andou com Deus 300 anos e gerou outros filhos e filhas. Viveu ao todo 365 anos. Enoque andou com Deus; e já não foi encontrado, pois Deus o havia arrebatado.
– Gênesis 5.22-24

Mesmo que os homens tenham começado a invocar o nome do Senhor nos primeiros dias (Gn 4.26), Enoque foi o primeiro a descobrir o verdadeiro deleite de andar com Deus. Ele encontrou algo que nem mesmo Adão tinha experimentado. Ele se voltou para Deus até aprender como ter comunhão com Ele em cada faceta de sua vida. Encontrar essa dimensão de relacionamento certamente exigiu uma busca espiritual intensa e, então, quando encontrou isso, o Senhor fez uma declaração gráfica ao arrebatá-lo para o céu.

Ao levar Enoque para a glória, Deu não estava tentando nos impressionar com a piedade dele. Deus também não estava dizendo: "Se você se tornar tão espiritualizado quanto Enoque, também será transladado para o céu". Essa foi uma experiência única que Deus usou para enfatizar um ponto específico. O argumento de Deus era: "Amo andar com o homem! Enoque foi o primeiro homem a verdadeiramente andar comigo, portanto, decidi ressaltar seu exemplo de vida fazendo algo extraordinário com ele. Eu o arrebatei para o céu para salientar o quanto valorizo e desejo um relacionamento baseado em andar diariamente com os meus escolhidos". O exemplo de Enoque continua testemunhando a todas as gerações o grande zelo que Deus tem de andar com o homem.

Quando o zelo de Deus o pegar, ele despertará em você uma grande paixão por andar com Deus e ser seu amigo. Imagine ser Enoque e viver 365 anos – e ter esse relacionamento crescente com Deus! Podemos apenas imaginar a gloriosa profundidade de intimidade que Enoque descobriu. Talvez o coração dele ansiasse tão profundamente por mais que Deus cansou de se restringir. Talvez o coração de Deus estivesse dizendo: "Enoque você me ama com uma paixão tão pura e doce que não desejo mais dizer 'não' para você. Vou responder sua oração e lhe mostrar a minha face. Suba!".

É provável que ao se tornar mais próximo de Deus, Ele não o arrebate para o céu da mesma forma que fez com Enoque. Entretanto, Ele realmente deseja revelar a beleza de sua face a você. À medida que andarmos com Deus, Ele abrirá as Escrituras para nós através do Espírito de sabedoria e revelação e revelará a luz da glória que é encontrada nele.

Há outro aspecto acerca da ascensão de Enoque que é importante. Deus esperou que ele completasse 365 anos – e, então, o arrebatou. Como há 365 dias no ano, o período de vida de Enoque, em si, pode ser considerado como outra mensagem de Deus. Basicamente, Deus estava dizendo: "Desejo andar com os homens 365 dias por ano, não 364. Desejo andar com você hoje, o dia inteiro, todos os dias, o ano inteiro, pelo resto de sua vida na terra!". Nossa! É espantoso considerar o fato de que o grande Deus do Universo tem um interesse tão grande por nós!

Quando andamos com Deus, entramos em dimensões onde Ele revela os segredos de seu Reino. Esses são os caminhos que os antigos percorreram antes de nós. Noé conhecia o segredo de andar com Deus (Gn 6.9), como fez Abraão (Gn 24.40). Através de Cristo, você pode explorar as gloriosas riquezas de conhecer a Deus como eles – e até mesmo em um grau maior, por causa do Espírito Santo que nos foi dado!

Deus deseja andar conosco antes de operar através de nós. Então Ele espera para agir até encontrar o homem ou a mulher certa através de quem possa operar. Para fazer uma colocação direta, Deus opera com seus amigos. Ele não decide o que deseja fazer e então começa a procurar alguém para usar. Ele procura um homem ou uma mulher e, quando encontra, decide como vai operar através da vida deles.

Deus não escolheu Noé porque desejava enviar uma inundação. Deus teve a liberdade de enviar uma inundação, porque tinha encontrado um homem que andava com Ele. Deus sempre parte do princípio de, primeiramente, encontrar um amigo.

Quando Deus tem um Noé, pode enviar uma inundação. Quando Deus tem um José, pode dar a Faraó um sonho divino. Quando Deus tem um Moisés, pode planejar um livramento poderoso para o seu povo. Quando Deus tem um Elias, pode enviar fogo do céu. Quando Deus tem um Samuel, pode testar o coração de Saul. Quando Deus tem um Jesus, pode salvar o mundo. Oh, amado irmão, aprenda definitivamente a andar com Deus!

Quando Deus tem um amigo, a atividade divina é acelerada. As coisas eram bem normais na Babilônia até Daniel aparecer. Mas agora que havia um homem na Babilônia que andava com Ele, Deus poderia acelerar seus propósitos. Todos os tipos de coisas começaram a acontecer.

Nabucodonosor começou a receber sonhos divinos. Os homens foram preservados mesmo dentro de uma fornalha ardente. Nabucodonosor ficou louco por sete anos e, então, sua sanidade foi restaurada. A mão apareceu e escreveu na parede. Daniel teve livramento da boca dos leões. Uma das revelações mais detalhadas sobre acontecimentos futuros foi registrada. Todas essas coisas puderam acontecer porque Deus tinha Daniel que andava com Ele.

Quando Deus tem um vaso útil que foi preparado para fins honrosos, Ele usará aquele vaso. Para ilustrar, se você colocar um cortador de grama dirigível na minha garagem, prometo o seguinte – eu o usarei! Deus, da mesma forma, usará quem anda com Ele, mas está procurando especialmente três qualidades fundamentais: humildade, fidelidade e lealdade. Ele deseja trabalhar com amigos que sejam leais a Ele independentemente de tudo.

Mesmo quando as circunstâncias sugerirem que Deus é injusto, seus verdadeiros amigos continuarão andando com Ele. Portanto, o Senhor testará nossa fidelidade. Quando provamos que somos seus amigos mesmo em meio a grandes calamidades da vida, nos tornamos qualificados como vasos úteis.

Jesus é o exemplo quintessencial de alguém que andou com Deus. Ele andou tão proximamente do Pai que sempre estava no Espírito, mesmo quando estava acordando de um sono profundo. Quando acabo de acordar, às vezes, estou mal-humorado ou ainda zonzo de sono. Mas quando os discípulos acordaram Jesus de um sono profundo, Ele acalmou a tempestade! Que realização incrível! Ser despertado de um sono profundo e ficar instantaneamente no Espírito. Senhor, se eu acordar de forma parecida, com este andar profundo com você, então ficarei satisfeito!

Eis o segredo: o lugar secreto é onde desenvolvemos um relacionamento de andar com Deus. Devemos desenvolver uma história secreta com Deus antes de Ele nos dar uma história pública perante as pessoas. Ocultos no lugar secreto, aprendemos o que está procurando nos amigos e descobrimos como agradá-lo. Nossa câmara íntima com Ele torna-se nosso terreno de treinamento para uma vida arraigada e alicerçada em amor.

Jesus nos disse que confia os propósitos de seu Reino a seus amigos (Jo 15.15). Senhor, desejo ser seu amigo, seu confidente, leal até a morte. Desejo andar com você, falar com você, ouvi-lo, ouvir seu coração e participar de suas atividades neste momento tão importante da história humana. Ensina-me, Senhor, a andar contigo!

Capítulo 49

O SEGREDO DE COMPRAR ÓLEO

O óleo na Bíblia normalmente representa o Espírito Santo, portanto, ter óleo em nossas candeias significa termos a presença interna do Espírito Santo iluminando nossas vidas com seu zelo e sua glória. Sem o óleo do Espírito Santo, nossas vidas se tornam estéreis e nossa luz é apagada. O lugar secreto é onde compramos óleo. Quando nos retiramos para ter comunhão com nosso Senhor, somos renovados no Espírito Santo e nossos níveis de óleo são reabastecidos.

A ideia de "comprar óleo" é derivada da parábola das dez virgens. Então, vamos ver a passagem e fazer uma observação especial de como a palavra "óleo" aparece na parábola. Jesus disse:

> "O Reino dos céus será, pois, semelhante a dez virgens que pegaram suas candeias e saíram para encontrar-se com o noivo. Cinco delas eram insensatas, e cinco eram prudentes. As insensatas pegaram suas candeias, mas não levaram óleo. As prudentes, porém, levaram óleo em vasilhas, junto com suas candeias. O noivo demorou a chegar, e todas ficaram com sono e adormeceram. À meia-noite, ouviu-se um

grito: O noivo se aproxima! Saiam para encontrá-lo! Então todas as virgens acordaram e prepararam suas candeias. As insensatas disseram às prudentes: Deem-nos um pouco do seu óleo, pois as nossas candeias estão se apagando. Elas responderam: Não, pois pode ser que não haja o suficiente para nós e para vocês. Vão comprar óleo para vocês. E saindo elas para comprar o óleo, chegou o noivo. As virgens que estavam preparadas entraram com ele para o banquete nupcial. E a porta foi fechada. Mais tarde vieram também as outras e disseram: 'Senhor! Senhor! Abra a porta para nós! Mas ele respondeu: A verdade é que não as conheço! Portanto, vigiem, porque vocês não sabem o dia nem a hora!'".

Não temos espaço neste breve capítulo para um estudo completo dessa parábola. Ela é incrivelmente fascinante e ganhou uma grande variedade de interpretações e aplicações. Entretanto, a grande maioria concorda que o óleo na candeia representa ter um reservatório interno da realidade do Espírito Santo. Nosso foco aqui é o óleo. Se não formos preenchidos com o óleo do Espírito Santo não sobreviveremos ao caos e às calamidades dos últimos dias.

Todas as dez virgens tinham óleo em sua candeia, mas as cinco virgens prudentes trouxeram uma vasilha de óleo extra com elas. Elas fizeram isso porque anteciparam o fato de que a volta do noivo poderia demorar além das expectativas. As virgens insensatas fizeram a pressuposição fatal de que a volta do noivo seria breve. Elas estavam confiantes de que não precisariam de óleo extra; elas pensaram que suas candeias tinham óleo suficiente para sustentá-las até a volta do noivo.

Todas as dez eram virgens. Isso indica que todas elas eram crentes fiéis. Mike Bickle sugeriu, com base no contexto, que essas virgens representam os líderes de igreja. Se isso for verdade, então, podemos dizer que o óleo representa a unção ministerial do líder que é cultivada no lugar secreto. As virgens insensatas tinham a mentalidade de "se virar".

Elas investiram no lugar secreto somente até o grau em que as responsabilidades de seus ministérios pareciam exigir. As prudentes mostraram sua diligência ao aprofundarem seu relacionamento com Deus, o que era mais do que seus atuais ministérios exigiam delas. As prudentes não vinham ao lugar secreto simplesmente para comprar óleo para abastecer o ministério; elas também vinham para comprar óleo para si mesmas para terem um relacionamento fervoroso e particular com o Senhor.

O preço para obter óleo para o ministério não é muito alto, mas o preço para obter um relacionamento de intimidade com Jesus é muito alto. Então, quando o tempo para o abastecimento do ministério termina, você ainda permanece de maneira fervorosa na presença de Deus.

O óleo do relacionamento autêntico é comprado ao preço de investimento de tempo e energia no lugar secreto. Os insensatos permitem que as questões urgentes do momento os arrebatem do lugar secreto após terem feito o abastecimento mínimo. Os prudentes permanecem e continuam sendo abastecidos com óleo até seus corações serem energizados por seu relacio-namento de amor com Jesus.

Quando sua insensatez torna-se óbvia, o insensato se volta para o prudente e diz: "Preciso de um pouco de seu óleo". Ele reconhece que o prudente tem um relacionamento profundo com Deus que nunca teve tempo e disposição para cultivar. Ele diz: "Preciso de um pouco de sua autoridade ministerial". Mas o prudente compreende que não há atalhos para se obter autoridade ministerial. Você não pode obter autoridade a partir da unção de outra pessoa; você tem que obtê-la por si mesmo no lugar secreto.

Quando o noivo demora a voltar, as virgens são sobrepujadas com coração doente, por causa da esperança que se retarda (Pv 13.12). O coração doente fará com que elas durmam dominadas pela tristeza (Lc 22.45).

A demora do noivo tem um modo de diferenciar o insensato do prudente. Ela revela aqueles que desenvolveram sua própria história pessoal de um relacionamento avivado com o noivo.

Aqueles que perseveram em amor através de um coração doente por causa da esperança que se retarda serão revestidos com a autoridade ministerial para libertar os cativos. Por fim, os prudentes se tornam poderosos libertadores.

Nós precisamos de um reservatório no Espírito para nos sustentar na hora da provação que está para vir sobre todo o mundo (Ap 3.10). O tema da parábola é – compre óleo! Dedique-se ao lugar secreto até seu coração estar transbordando de amor e zelo por seu Amado. Então, torne isso a prioridade máxima do seu dia para manter esse reservatório de óleo abastecido.

O segredo é este: o lugar secreto é o limiar para se obter o reabastecimento necessário para sustentá-lo durante a noite escura da demora de Cristo.

Compre óleo!

Capítulo 50

O SEGREDO DA CONSTANTE PROVISÃO

Deus disponibilizou a oportunidade de usufruirmos de uma provisão constante do Espírito Santo. Jamais teremos que ficar esgotados espiritualmente, mas aprenderemos a acessar a provisão constante do Espírito que habita em nós. No lugar secreto aumentamos nossa capacidade de fazer uso da graça de Deus e, então, vivemos nossos dias com base na força dos recursos eternos de Deus.

A imagem da "provisão constante" é retratada mais vividamente em Zacarias 4. Abra a sua Bíblia agora e leia essa passagem antes de continuar este capítulo.

Um candelabro com sete lâmpadas alimentadas com azeite foi mostrado a Zacarias. Na parte superior do candelabro havia um recipiente cheio de azeite com canos que alimentava o recipiente de cada lâmpada. Esse recipiente servia como um reservatório de óleo que era alimentado por duas oliveiras que estavam junto ao recipiente, uma à direita e outra à esquerda.

As oliveiras derramavam óleo constantemente em dois receptáculos que alimentavam o óleo do recipiente. As árvores alimentavam o recipiente;

o recipiente alimentava as lâmpadas. A provisão era constante e as chamas das lâmpadas queimavam sem cessar.

O que estou prestes a compartilhar não é a única maneira de ver Zacarias 4. Há muitas interpretações válidas para passagens proféticas como essa, portanto, minha interpretação é apenas uma dentre várias interpretações possíveis. Com essa ressalva, gostaria de sugerir que o candelabro representa você – o servo dedicado do Senhor. No contexto de Zacarias 4, o candelabro é Zorobabel, entretanto, ele apenas tipifica o servo dedicado do Senhor. Os candelabros da Bíblia representam várias coisas, mas em Mateus 5.15 Jesus usou uma candeia para se referir a uma pessoa. Portanto, o candelabro é você, ou seja, cada cristão.

A princípio, eu não via o candelabro representando uma pessoa, porque pensava que cada cristão tinha apenas um chama queimando dentro dele. Mas então me deparei com a exortação de Jesus: "Estejam cingidos os vossos lombos, e acesas as vossas candeias" (Lc 12.35 – ACF).

Jesus colocou "candeias" no plural, dizendo que temos várias dentro de nós. Temos mais de uma candeia queimando dentro de nossos corações – temos sete, para ser mais preciso. Deus planeja que cada um de nós queime com sete chamas sagradas diante da presença de sua glória.

O Espírito Santo é revelado como "sete lâmpadas de fogo" acesas diante do trono (Ap 4.5). Quando você estiver cheio do Espírito Santo, também terá sete lâmpadas de fogo. Não estou preparado para afirmar o que eu acho que são essas sete lâmpadas de fogo, mas acho que a lâmpada principal é o fogo do amor de Deus. É o amor ardente de Deus por Deus e por sua criação.

Quando esse fogo entra em nossas vidas, acende em nós uma paixão fervorosa por Jesus e uma compaixão misericordiosa pelo próximo. E esse é apenas um dos sete fogos. Estou perscrutando os outros seis e talvez escreva mais sobre eles algum dia.

Agora, vamos analisar o contexto histórico da visão de Zacarias. Zorobabel, líder civil israelita, foi incluído na tarefa de construir o templo de Deus. O profeta Zacarias, seu conselheiro, recebeu uma mensagem divina para incentivar Zorobabel em seu projeto de construção. Deus desejava revelar a Zorobabel um paradigma totalmente novo para construir o reino.

A maioria das construções do Reino é feita por líderes visionários que mobilizam um grupo de pessoas para usar sua força e trabalhar com afinco no projeto, empenhou-se ao máximo até terminá-lo. Zacarias teve uma revelação divina, entretanto, para outro tipo de liderança – um estilo de liderança em que o servo do Senhor recebe sua eficiência a partir de uma fonte interna no Espírito. À medida que esse líder é alimentado internamente pela provisão constante do Espírito Santo, é capacitado a conduzir o povo de Deus na construção do Reino. Em vez de buscar um líder sem foco que corre em mil direções ao mesmo tempo, Zacarias viu um líder cujas lâmpadas estão queimando com brilho intenso, porque ele está usando a fonte de vida espiritual de poder e graça. "Não por força nem por violência, mas pelo meu Espírito" (Zc 4.6).

É interessante observar que o recipiente de armazenamento, que está cheio de óleo, fica "acima" do candelabro. Isso significa que o óleo desce do recipiente para as sete lâmpadas. Esse recipiente não só continha óleo mais do que suficiente para sustentar as lâmpadas, mas também abastecia cada uma com a pressão gerada pela gravidade.

Com o óleo pressionando avidamente para baixo cada chama, as lâmpadas não ficavam bruxuleando preguiçosamente, mas queimavam com fervor e muito brilho – verdadeiras tochas de zelo divino. Deus está mostrando a Zacarias que é possível acessar esse fluxo dinâmico de vida divina que arde literalmente com zelo santo diante do trono de Deus e diante do povo na terra.

Vamos parar e tornar isso uma coisa prática e pessoal. Enxergue você mesmo como sendo esse candelabro, como um cristão dedicado que é chamado a ter uma liderança compadecida para a construção do Reino de Deus. À medida que se retira para o lugar secreto, você abre os canais de seu coração e permite que o óleo de vida divina flua em cada câmara dele. O lugar secreto é onde suas lâmpadas são mantidas acesas e onde seu zelo pela face de Cristo é reavivado e renovado até você acender com as sete chamas parecidas com uma tocha, com fervor e brilho.

Quem entrar em contato com você será impactado por sua paixão por Jesus e seu amor altruísta pelas pessoas. Será possível perceber que você está liberto de ambições egoístas e agendas pessoais. Seu fogo é incandescente e sua chama é pura. Seu coração foi cativado pela beleza de seu Rei. Seus interesses e afeições são voltados unicamente para o seu noivo celeste.

Quando você ouve um chamado para construir, os santos se juntam a você entusiasticamente, porque sabem que você está funcionando de acordo com o útero da manhã criativo (lugar secreto), onde você recebeu ordens e percepções divinas. Sua produtividade se torna desproporcional em relação a seus recursos.

O que eu quero dizer é que o trabalho é acelerado mais rapidamente do que parece ser possível com os recursos limitados que você dispõe. Por quê? Porque você não está trabalhando somente com a capacidade e o poder dos recursos humanos; você está operando com a sinergia e o fluxo do impulso do Espírito Santo à medida que o próprio Deus opera com e em você. Você encontrou a dimensão de Deus.

Então os recursos financeiros surgirão aparentemente do nada; voluntários surgirão do nada; corporações pagãs começarão a fazer doações; portas se abrirão onde antes existia somente um muro; santos se juntarão para realizar o objetivo do Reino; pecadores sentirão temor em relação à graça de Deus que se derramará na comunhão dos crentes. E tudo isso será liberado porque um líder servo saiu do lugar secreto ardendo com o fogo concedido por Deus!

Agora, voltemos à visão de Zacarias 4. Ele se consumia em dúvida enquanto o anjo estava lhe trazendo aquela revelação. Zacarias faz três perguntas ao anjo: O que significa isso, meu senhor? (veja os versículos 4, 11 e 12).

A resposta do anjo foi: "São os dois homens que foram ungidos para servir ao Soberano de toda a terra!" (Zc 4.14). Essa resposta é muito vaga e, por isso, continuamos perguntando: o que essas duas oliveiras representam?

Zacarias desejava saber o que eram as duas oliveiras porque elas eram a fonte do óleo. Quando conhecemos a fonte, passamos a conhecer o segredo de viver com uma constante provisão de vida e graça divinas. Portanto, essa realmente é uma constante pergunta. Qual é a fonte de provisão inesgotável dos recursos infinitos de Deus?

As duas oliveiras, em minha opinião, são a Palavra e o Espírito Santo. Precisamos tanto da Palavra quanto do Espírito Santo, combinados e fluindo em nossos espíritos, se formos construir o Reino através do poder de Deus. Quando o Espírito de Deus se move em sua Palavra e fala no âmago do nosso ser, somos vivificados com o fogo santo!

Esse é o motivo porque, quando Jesus se revelou para os dois discípulos no caminho de Emaús, expondo as Escrituras relativas a Ele mesmo aos corações deles através do Espírito Santo, aqueles discípulos mais tarde declararam: "Não estava queimando o nosso coração, enquanto ele nos falava no caminho e nos expunha as Escrituras?" (Lc 24.32). Quando a Palavra sob o poder Espírito Santo for ministrada ao seu coração, você também queimará por Ele!

O lugar secreto é onde fazemos uso da vida da Palavra e do Espírito Santo. É o lugar onde abrimos nosso Espírito para Ele, por isso, um fluxo maior de seu óleo pode chegar às nossas lâmpadas.

O que realmente desejamos são canos mais largos. Os canos que conduzem o óleo do recipiente das sete lâmpadas são fundamentais para o grau de luz emitido pelo candelabro. Se os canos estiverem abertos e desobstruídos, o óleo fluirá livremente para as chamas de nossos corações. Quando esta combinação de óleo (a Palavra e o Espírito) fluir para nossos corações e nos acender para Ele, o Reino avançará em e através de nossas vidas em proporções descomunais.

A questão não é "trabalhar mais arduamente"! A questão é "obter óleo"! O segredo é: dedique-se a aumentar sua conexão com a fonte de óleo divino. Quanto mais deste óleo fluir para o seu interior, mais brilhantes suas lâmpadas serão diante de Deus e dos homens.

Nada é mais perigoso para o reino das trevas do que um homem ou uma mulher que encontrou a fonte incessante de vida proveniente de Deus. Quando o servo do Senhor é alimentado com este fluxo de óleo e suas sete lâmpadas são verdadeiras tochas de zelo fervoroso por seu Amado, então nenhuma força do inferno poderá apagar esse fogo.

Ainda que o inferno tente apagar essa chama com as inundações da boca do dragão, esse fogo é alimentado por uma fonte interna. Nada que venha de fora poderá apagá-lo.

Que maravilhoso segredo estou tentando descrever! John Wesley disse algo parecido com o seguinte: "Incendeie-se por Deus e deixe as pessoas virem observar você queimar".

Venha comigo para o próximo capítulo. Desejo enfatizar esta verdade com mais uma imagem bíblica que retrata uma provisão constante de vida divina.

Capítulo 51

O SEGREDO DE PERMANECER EM CRISTO

Existe uma grande pergunta que foi feita por todos os maiores santos no decorrer da história da igreja em relação à busca por Deus. Vimos no capítulo anterior que essa pergunta foi feita três vezes por Zacarias. É o questionamento comum da alma diligente. É a eterna pergunta compartilhada por gerações. A pergunta é muito simples: "Como eu posso permanecer em Cristo?". A pergunta é simples, mas a resposta é profunda. E poucos a encontraram.

Muitos de nós temos a sensação de entrar e sair da sala do trono de Deus. Temos períodos de grande conexão e, depois, passamos por períodos de desconexão. Não podemos sempre analisar exatamente o motivo que desencadeou a distância de nossos corações em relação ao Senhor, mas a maioria de nós sente como se o relacionamento com Cristo fosse uma montanha-russa. Ora nos sentimos próximos, ora distantes, então novamente próximos e depois distantes, e então próximos novamente. Dentro e fora. E odiamos isso. Fomos criados para termos constante intimidade e qualquer coisa que seja menos que isso nos deixa loucos.

Em minha opinião, esta passagem é uma das mais gloriosas de Cristo de toda a Bíblia: "Se vocês permanecerem em mim, e as minhas palavras permanecerem em vocês, pedirão o que quiserem, e lhes será concedido. Meu Pai é glorificado pelo fato de vocês darem muito fruto; e assim serão meus discípulos" (Jo 15.7-8). O "se" encontrado aqui quase me deixa louco com desejo santo. "Se!" A grande condição de se ter a oração respondida é desenvolver um relacionamento de permanência em Cristo e em suas palavras.

Essa aquisição não é garantida. Ela está disponível, mas é raramente experimentada em sua plenitude. Sei que não permaneço em Cristo dessa maneira, porque as coisas que desejo ainda não foram dadas a mim. Portanto, eu busco esta dimensão de viver santo com maior apetite espiritual – com o que eu chamo de "fervor santo". Preciso ganhar Cristo!

Uma revista cristã que tinha Hudson Taylor em uma de suas edições mencionava como ele lutava para obter um andar mais próximo com Deus. Embora ele seja considerado um dos missionários mais vitoriosos da história da igreja, ansiava por um relacionamento mais íntimo com Cristo. "Orei, agonizei, me esforcei, tomei resoluções, li a palavra com mais diligência, dediquei mais tempo para isolamento e meditação – mas tudo isso foi ineficaz", ele se consumia "Sei que se eu tivesse conseguido permanecer em Cristo, tudo estaria bem, mas eu não consegui."

Taylor chegou no momento decisivo de sua vida quando recebeu uma carta de um colega. Esta simples mensagem abriu a porta: "A amizade com Deus não provém de esforço por fé, mas de descansar naquele que é fiel".

Essas simples palavras foram de alguma forma exatamente o que Hudson Taylon precisava para ajudá-lo a cruzar o limiar de seu relacionamento com Cristo. Ele conseguiu parar de se esforçar e abraçar a proximidade, o poder e a vida de Cristo.

Refiro-me à experiência de Taylor não como se fosse uma fórmula para se aprender a permanecer em Cristo, mas para mostrar que até o mais eminente dos santos se debateu com essa mesma questão.

A forma como você conseguirá permanecer em Cristo será diferente de todas as outras pessoas. Nós permanecemos de formas diferentes, porque somos criaturas únicas de Deus. Seu relacionamento com Cristo nunca será parecido com o meu e vice-versa. Este é o motivo pelo qual você nunca aprenderá a permanecer em Cristo lendo as histórias de outras pessoas.

Você não aprende a permanecer lendo o livro certo nem ouvindo um grande sermão. Ninguém pode ensiná-lo a ter um relacionamento de permanência em Cristo. Um mestre pode ajudá-lo até um grau limitado, mas por fim todos nós teremos que encontrar nossa própria maneira de permanecer em Cristo. Quando tudo tiver sido dito e feito, devemos fechar a porta, entrar no lugar secreto com Deus e descobrir como é um relacionamento de permanência em Cristo para nós.

Normalmente o caminho para se obter um relacionamento de permanência em Cristo é conquistado com perseverança. Deus permite circunstâncias desconfortáveis ou emoções em nossas vidas que fazem com que nos voltemos para Cristo com determinação vigilante. A maioria de nós nunca se entregará à busca de um relacionamento de permanência a menos que o Senhor, em sua bondade, permita calamidades ou lutas em nossas vidas que elevem o nível de nossa dor ao ponto do desespero.

José ilustra esta verdade essencial. Deus levou José a trilhar um caminho doloroso para ajudá-lo a encontrar um relacionamento de permanência. Deixe-me repassar rapidamente a história com você.

Com dezessete anos José se afastou de seus irmãos por ser um homem de caráter divino em meio a uma geração perversa. Então, Deus disse basicamente: "Parabéns, José, você está mantendo seu coração puro; você está vivendo de modo inculpável diante de Deus e dos homens; você está se mantendo afastado de uma geração maligna. Você está qualificado para receber uma promoção no reino – vai se tornar um escravo!". Então, José foi vendido como escravo por seus irmãos.

No Egito, ele foi vendido para um homem chamado Potifar. Potifar logo percebeu que Deus era com José e abençoava tudo o que José fazia. Então, Potifar tornou José o administrador chefe de todas as suas propriedades. Embora fosse um escravo, José mantinha seu coração diante de Deus e continuava a andar com zelo diante do Senhor. Ele era diligente para cultivar seus dons e talentos, demonstrando ser um administrador fiel de toda a casa. Ele escapou da tentação sexual quando a esposa de Potifar tentou seduzi-lo.

Então, Deus respondeu: "Parabéns, José, você continua na minha presença, está cultivando fielmente seus dons e talentos e está fugindo da tentação. Você está qualificado para outra promoção no reino – você agora vai para a prisão!".

José não tinha ideia do motivo pelo qual estava preso. Certamente, ele deve ter sido tentado com o seguinte pensamento: "Deus, qual é o proveito em servi-lo? Quando eu o amo, o sirvo e mantenho meu coração puro, isso não me faz bem".

Satanás queria convencer José que servir a Deus não vale a pena. Mas José optou por afastar os pensamentos tentadores e, em vez de dar vazão a eles, continuou amando a Deus mesmo na prisão. Ele se apegou aos sonhos que Deus lhe tinha dado de uma eventual promoção.

Entretanto, o desespero se apossou do espírito de José. Ele percebeu que longe da intervenção divina passaria o resto de sua vida apodrecendo na prisão egípcia. Nenhum de seus talentos lhe seria útil naquele lugar. Não importava que fosse cheio de dons, carismático e inteligente; nada disso poderia tirá-lo da prisão. Cada dom que ele tinha cultivado agora era inútil.

Reduzido a uma total impotência, José começou a clamar a Deus com intenso desespero. "Deus, fale comigo ou minha vida se acabará!" Ele começou a criar raízes no Espírito de Deus mais profundas do que jamais foram. "Deus, por que o Senhor permitiu que isso acontecesse comigo?"

Deus disse: "Quero raízes mais profundas". Então, ele aprofundou ainda mais suas raízes. "Ainda mais profundas." Então, em seu desespero, José se aprofundou ainda mais no Espírito de Deus. "Mais profundas, José."

José continuou aprofundando suas raízes espirituais cada vez mais no Espírito de Deus – até que um dia encontrou um rio! Há um rio, meu caro amigo, cujos canais alegram a cidade de Deus. Esse rio subterrâneo corre tão profundamente que a maioria das pessoas não o encontra. Mas, em alguns casos, Deus permite que um sofrimento extremo recaia sobre o seu servo a fim de levá-lo às profundezas do Espírito com uma paixão inigualável.

Quando José encontrou esse rio, ele encontrou a fonte da vida em Deus que é mais profunda do que as estações da vida. Seja numa estação de inundação ou seca, há um rio disponível para o santo, que fornece uma fonte constante de vida divina e poder do Espírito Santo. Parece que poucos encontram esse grande rio subterrâneo, mas quando você encontrá-lo, isso se chamará "permanecer em Cristo".

Deus estava dizendo a José:

"Filho, tenho uma grande promoção na loja para você. Mas o chamado que estou fazendo nunca será conseguido por meio da força de seus dons e talentos. E sei que se esses recursos estiverem disponíveis, você sempre lançará mão deles. Então, agora, vou colocá-lo em um lugar onde seus próprios recursos serão inúteis. Colocarei você em uma prisão! Ao sentir a impotência de perder o controle, você encontrará uma dimensão em mim que ultrapassará os seus dons e talentos. Veja, José, há uma dimensão em mim que não é por força nem por violência, mas é pelo meu Espírito."

Quando José encontrou aquele rio, foi sua capacidade de se valer da vida proveniente de Deus que o tirou da prisão. Não foram seus talentos que o libertaram da prisão, mas sua vida no Espírito. Quando Faraó chamou José para interpretar seu sonho, ele conseguiu acessar o rio e dar a Faraó a resposta sábia que desejava. E, em um único dia, José saiu da prisão e foi direto para o palácio!

É um relacionamento de permanência em Cristo que leva o cristão à dimensão de Deus. Estou falando da dimensão em que Deus opera soberana e poderosamente nos assuntos dos homens. Jesus tinha um relacionamento de permanência com o seu Pai e Ele mudou a história do mundo. Se Deus conceder a você a graça de encontrar essa fonte inesgotável de poder divino chamada "permanecer em Cristo", então você também mudará sua geração para Deus!

Não fique desanimado por causa das dificuldades e adversidades que, repentinamente, recaírem sobre você. Volte-se para Deus como jamais fez em toda a sua vida! Permita que o desespero de sua alma o ajude a buscar a Deus com entrega total.

O segredo é o seguinte: se você buscá-lo de todo o seu coração, Ele o guiará até o rio antigo que corre nas profundezas do coração de Deus. Quando você buscar a Deus com toda a sua força, Ele o trará até a fonte de vida divina. Quando a vida de Deus começar a fluir em seu mundo de impossibilidades, chamamos isso de milagre.

A vida de Deus não pode ser parada! Se você beber deste rio, tudo em você e a sua volta começará a sacudir e a tremer sob o maremoto do poder liberado por Deus. Tudo relacionado a sua prisão está prestes a mudar!

Oro para que você receba esta palavra: aprenda a permanecer em Cristo!

Capítulo 52

O SEGREDO DA UNIÃO COM DEUS

Há um profundo clamor, no âmago do coração de todo homem, por uma conexão com Deus. Fomos criados para permanecermos em Cristo! É esse clamor por intimidade com Deus que fez com que você lesse este livro. É o mesmo clamor por uma conexão com Deus que encheu o coração da mulher samaritana em João 4, embora ela nem mesmo soubesse como expressar seus anseios. Ela procurou amor nos lugares errados, mas o Mestre viu seu coração e sabia como atraí-lo.

Quando Jesus falou com essa mulher junto ao poço de Jacó e ela percebeu que Jesus era um profeta, imediatamente fez sua primeira pergunta: "Nossos antepassados adoraram neste monte, mas vocês, judeus, dizem que Jerusalém é o lugar onde se deve adorar" (Jo 4.20). Sua pergunta foi: "Qual é a forma certa de se conectar a Deus – aqui neste monte ou em Jerusalém?".

Acima de tudo isso, o anseio do coração dela era de ter uma conexão significativa com o coração de Deus. A pergunta sobre o "local" era feita com tanta frequência naquele tempo que ela acabou perdendo a esperança de algum dia se conectar a Deus e sucumbiu a um estilo de vida de flagrante pecado. Mas, apesar de seu estilo de vida pecaminoso e a sensação de impotência de algum dia encontrá-lo, seu coração ainda doía de desejo de se conectar a Deus!

A resposta de Jesus deve tê-la surpreendido. Ela aprendeu que mesmo que estivesse buscando se conectar a Deus, Ele estava, de forma ainda mais ativa, interessado em buscar aqueles que desejavam se conectar a Ele em Espírito e em verdade (Jo 4.23). Jesus a procurou para lhe revelar que o Pai desejava encontrar adoradores como ela!

Deus tem se mostrado muito diferente do que nós pensamos. Ele anseia por nós, em ser um conosco, em ter um mesmo pulsar de coração conosco. Os antigos tinham um termo para descrever essas dimensões superiores de intimidade espiritual, que chamavam de "união com Deus".

Essa é a conexão com Deus pela qual o coração do homem anseia. Jesus veio para nos tornar um com Deus (Jo 17.21-23). É na união com Deus que encontramos a maior satisfação e, também, a mais gloriosa motivação para explorarmos as profundezas do seu coração ardente.

Deus soprou na alma humana um profundo desejo de união com Ele. Então, nos equipou com o vocabulário para conversar sobre isso quando nos deu o modelo do casamento. Ele disse: "Por essa razão, o homem deixará pai e mãe e se unirá à sua mulher, e eles se tornarão uma só carne" (Gn 2.4). A união do casamento ocorreu para servir de exemplo e nos dar um modelo mental para compreendermos a união espiritual.

Agora, por que um homem e uma mulher jovens decidem se casar? É por puro romance? Bem, um casal pode ter um romance enquanto namora sem precisar se casar. Eles podem ter amor, intimidade, amizade, companheirismo, comunicação, comunhão – todas essas coisas – e ainda não se casar. Mas estou me referindo ao namoro em sua pureza e inocência. Então por que se casar? Porque embora as pessoas possam usufruir de todos os benefícios mencionados acima concernentes ao namoro puro e íntegro, sem ter necessidade se casarem, há uma coisa que elas não têm. Os casais se casam, essencialmente, para se unirem.

Deus nos deu um grande desejo de união – com o nosso cônjuge e ainda mais com Ele. Sabemos que um dia virá em que todos nos uniremos a Cristo na ceia do casamento do Cordeiro, mas as Escrituras mostram claramente que há dimensões de união com Cristo que estão disponíveis para nós aqui e agora. A plenitude virá depois, mas o que está disponível para nós agora merece nossa busca diligente.

Há um versículo, acima de todos os outros, que me levou a buscar a união com Deus. Ele é tão pouco mencionado e destacado que já o tinha lido várias vezes sem perceber seu real valor. Mas um dia o versículo cresceu para mim em grande proporção: "Mas aquele que se une ao Senhor é um espírito com Ele" (1Co 6.17). Segundo o contexto, Paulo está falando da união que acontece através do relacionamento sexual. Sua conclusão é que a união sexual está, de alguma forma, apontando para um tipo de união espiritual que temos com Cristo e que ultrapassa em muito o plano físico/sexual.

Veja o que me chamou a atenção nesse versículo. Ele diz que o Senhor e eu somos um espírito. Quando imaginava uma comunhão espiritual com o Senhor, sempre imaginava dois espíritos separados, como se o espírito dele e o meu estivessem "se beijando". Mas essa passagem revela que quando estamos unidos a Cristo, deixamos de ser dois espíritos e nos tornamos um. Um espírito com Deus! A ideia é tão fantástica que chega a parecer ilógica ou absurda. Quando me entrego a Cristo, nós dois nos tornamos um.

Cristo em mim, a esperança da glória! Os mais altos céus e a terra não podem conter Deus (At 7.49-50), mas de alguma forma Deus criou a alma humana com a capacidade de ser sua habitação. Há algo dentro de nós que é mais capaz de conter Deus do que o Universo. Essa é a forma maravilhosa que Deus nos fez. Posso "ser cheio de toda a plenitude de Deus" (Ef 3.19), com a plenitude "daquele que enche todas as coisas, em toda e qualquer circunstância" (Ef 1.23). Os mais altos céus não podem conter Deus, mas o espírito humano pode. Nossa!

Deixe-me ilustrar isso com uma pergunta. Se colocássemos um copo de água pura no oceano, você diria que o oceano está diluído? Não, você diria que o copo de água pura foi totalmente absorvido e perdido na vastidão do oceano. Isso é o que acontece na união com Cristo. Quando me uno a Ele, perco minha identidade no oceano de sua grandeza, e então posso dizer: "Já não sou eu quem vive, mas Cristo vive em mim" (Gl 2.20). Sou um com Ele e minha identidade foi gloriosamente perdida na imensidão de sua majestade e esplendor.

Não estou querendo dizer que nos tornamos Deus. Longe disso. Seremos eternamente os seres criados e Deus será eternamente o Criador. O abismo entre Criador e criatura permanecerá para sempre. Contudo, de alguma forma gloriosa, a criatura se torna um espírito com o Criador, e eles passam a ser unidos com afeições eternas de amor e devoção.

Se este pensamento lhe parece espantoso, saiba que os anjos ficam completamente perplexos com isso. Desde a eternidade passada, existe uma fornalha ardente de amor que foi limitada a três: o Pai, o Filho e o Espírito Santo. Eles têm desfrutado de uma afeição de proporções astronômicas que é tão ardente em sua intensidade e escopo que nenhuma outra criatura ousaria entrar nessa fornalha.

Oh, o amor que atrai o Pai ao coração do Filho e o Espírito Santo ao coração do Pai, e o Filho ao coração do Espírito Santo! E, agora, à medida que os anjos contemplam esse fogo ardente, eles veem a forma de uma quarta criatura andando em meio ao fogo. E essa quarta criatura tem a aparência da noiva de Cristo! A raça humana caída foi elevada à unidade com a Divindade! As ramificações estão além da compreensão até mesmo dos seres mais brilhantes que contemplam diante do trono de Deus.

Somos um espírito com Deus! E tudo o que é necessário é que nos "unamos a Cristo". Mas o que significa estarmos unidos a Cristo?

A palavra do Antigo Testamento para "unido" tem uma variedade de nuanças em seu significado. Um sentido fascinante da palavra é encontrado em Salmos 63.8: "A minha alma apega-se a ti; a tua mão direita me sustém". Portanto, a ideia da palavra literalmente é "buscar com a intenção de pegá-lo". Davi está dizendo: "Senhor, estou buscando-o muito de perto e estou determinado a pegá-lo. E quando eu fizer isso, o agarrarei e nunca o deixarei ir! Ficaremos unidos para sempre!".

Então, para se unir a Cristo é necessário buscá-lo com intensidade e com a intenção de agarrá-lo. Essa é a busca santa para a qual fomos convidados e é a magnífica obsessão do lugar santo.

Quando penso em estar unido a Cristo e como eu poderia ilustrar esta verdade para você, me remeto ao exemplo de Maria Madalena. Ela representa a noiva de Cristo dos últimos dias que está buscando-o com o desejo de unir-se a Ele. Jesus tinha expulsado sete demônios dela, e porque ela foi perdoada, muito foi amada.

Esse amor ficou evidenciado pela forma como ela chorou na tumba de Jesus e foi a primeira a buscá-lo na manhã da ressurreição. Maria dedicou-se à busca santa, então, quando Jesus se revelou a ela, instantaneamente abraçou os seus pés. Seu coração ansiava por essa união com Deus.

Como Maria, a noiva de Cristo permanece hoje, nos últimos dias, ansiando pela aparição do seu Senhor. "Pai celestial, para onde você o levou? Traga-o para mim e partirei com Ele, pois anseio estar com Ele". E, da mesma forma que Maria na tumba, estamos procurando, chorando, ansiando, observando. Certamente Ele está voltando para se revelar primeiramente a sua noiva que anseia tanto por Ele! E quando vier pela segunda vez, teremos encontrado Aquele por quem nossa alma anela. Nossa busca estará terminada, pois pegaremos nosso Amado, o agarraremos e nunca mais o deixaremos ir.

Naquele momento, Ele "transformará o nosso corpo abatido, para ser conforme o seu corpo glorioso" (Fp 3.21). Essa noiva e esse noivo celestes andarão no corredor da glória juntos e se unirão no matrimônio santo que será celebrado pelo Pai das luzes. Nada jamais nos separará novamente. Não haverá mais choro, nem dor, nem lágrima. O desejo das nações será realizado. E, dessa forma, estaremos para sempre com o Senhor!

Mas até esse dia chegar, me retirarei para o lugar secreto, como a noiva com o coração doente e apaixonada que anseia contemplar o noivo. Eu o buscarei com a intenção de pegá-lo. E exultarei em nosso secreto silêncio – o lugar do mais alto grau de intimidade – pois aqui estou unido a Ele e somos um espírito.

Gostou?

Você foi abençoado por este livro? A leitura desta profunda obra foi uma experiência rica e impactante em sua vida espiritual?

O fundador da Editora Atos, que publicou este exemplar que você tem nas mãos, o Pastor Gary Haynes, também fundou um ministério chamado *Movimento dos Discípulos*. Esse ministério existe com a visão de chamar a igreja de volta aos princípios do Novo Testamento. Cremos que podemos viver em nossos dias o mesmo mover do Espírito Santo que está mencioado no livro de Atos.

Para isso acontecer, precisamos de um retorno à autoridade da Palavra como única autoridade espiritual em nossas vidas. Temos que abraçar de novo o mantra *Sola Escriptura*, onde tradições eclesiásticas e doutrinas dos homens não têm lugar em nosso meio.

Há pessoas em todo lugar com fome de voltarmos a conhecer a autenticidade da Palavra, sermos verdadeiros discípulos de Jesus, legítimos templos do Espírito Santo, e a viermos o amor ágape, como uma família genuína. E essas pessoas estão sendo impactadas pelo *Movimento dos Discípulos*.

Se esses assuntos tocam seu coração, convidamos você a conhecer o portal que fizemos com um tesouro de recursos espirituais marcantes.

Nesse portal há muitos recursos para ajudá-lo a crescer como um discípulo de Jesus, como a TV Discípulo, com muitos vídeos sobre tópicos importantes para a sua vida.

Além disso, há artigos, blogs, área de notícias, uma central de cursos e de ensino, e a Loja dos Discípulos, onde você poderá adquirir outros livros de grandes autores. Além do mais, você poderá engajar com muitas outras pessoas, que têm fome e sede de verem um grande mover de Deus em nossos dias.

Conheça já o portal do Movimento dos Discípulos!

www.osdiscipulos.org.br